한국 경제, 새판 짜기

한국 경제, 새판 짜기

발행일	2025년 5월 16일
지은이	권의종, 박종철, 이태용, 권혁일
펴낸이	손형국
펴낸곳	(주)북랩
편집인	선일영
디자인	이현수, 김민하, 임진형, 안유경, 최성경
마케팅	김회란, 박진관

편집   김현아, 배진용, 김다빈, 김부경
제작   박기성, 구성우, 이창영, 배상진

출판등록   2004. 12. 1(제2012-000051호)
주소   서울특별시 금천구 가산디지털 1로 168, 우림라이온스밸리 B동 B111호, B113~115호
홈페이지   www.book.co.kr
전화번호   (02)2026-5777   팩스   (02)3159-9637
ISBN   979-11-7224-634-1 03350(종이책)   979-11-7224-635-8 05350(전자책)

잘못된 책은 구입한 곳에서 교환해드립니다.
이 책은 저작권법에 따라 보호받는 저작물이므로 무단 전재와 복제를 금합니다.
이 책은 (주)북랩이 보유한 리코 장비로 인쇄되었습니다.

(주)북랩 성공출판의 파트너
북랩 홈페이지와 패밀리 사이트에서 다양한 출판 솔루션을 만나 보세요!
홈페이지 book.co.kr   •   블로그 blog.naver.com/essaybook   •   출판문의 text@book.co.kr

작가 연락처 문의 ▶ ask.book.co.kr
작가 연락처는 개인정보이므로 북랩에서 알려드릴 수 없습니다.

위기를 넘어 미래를 여는 구조 개혁 로드맵

한국 경제, 새판 짜기

권의종, 박종철, 이태용, 권혁일 지음

북랩

머리말

구조를 바꾸고,
체질을 바꾸고,
미래를 연다

대한민국은 지금 중대한 기로에 서 있다.

저성장, 양극화, 인구 절벽, 지역 소멸, 기후 위기, 기술 패권 경쟁. 과거 어느 때보다 복합적이고 구조적인 위기가 대한민국을 덮치고 있다. 단기 경기 변동이나 일시적 외부 충격이 아니다. 경제와 사회, 정치와 문화, 국가 시스템 전반을 관통하는 거대한 변환의 시대가 도래한 것이다.

우리는 한강의 기적을 이루었다. 산업화, 민주화를 동시에 달성한 보기 드문 나라다. 그러나 이제 그 기적의 영광에 안주할 수만은 없다. 기존의 성장 모델은 수명을 다했고, 과거 방식의 정책과 제도는 더 이상 효과를 발휘하지 못한다. 시스템의 피로도는 임계점을 넘었고 사회 곳곳에서는 균열이 일어나고 있다.

그럼에도 불구하고, 한국은 다시 한번 도약할 수 있는 저력을 지니고 있다. 조건은 단 하나. 기존 판을 넘어서는 대전환, 즉 '새판 짜기'에 성공하는 것이다. 과거의 낡은 체제를 부분 보수하는 수준이 아니라 구조를 근본부터 재설계하고, 체질을 바꾸며, 새로운 미래를 향한 대담한 개혁을 추진해야 한다.

이 책 「한국 경제, 새판 짜기」는 바로 그러한 문제의식에서 출발했다. 경제 진단에 머무르지 않고 구조 혁신과 산업 전략, 금융 시장 개혁, 사회 정책 대전환, 글로벌 전략, 거버넌스 혁신에 이르기까지 국가 전 분야를 아우르는 새판 짜기의 방향성과 구체적 로드맵을 제시하고자 했다.

진단은 냉철하게, 해법은 치열하게

첫째, 이 책은 한국 경제의 현실을 냉정하게 진단하는 것에서 출발한다. 저성장은 일시적 현상이 아니다. 구조적 성장률 하락, 생산성 정체, 신흥 시장 부상과 같은 거대한 흐름 속에서 우리의 경제 체질이 근본적 한계에 봉착했다는 것을 직시해야 한다. 양극화와 불평등은 단순한 분배 문제를 넘어 사회 통합과 정치 안정성마저 위협하는 중대한 구조적 위험 요소가 되었다.

둘째, 이 책은 구조를 바꾸는 구체적 방안을 제시한다. 성장 패러다임의 전환, 산업 구조의 재편, 노동 시장 혁신, 생산성 향상과 디지털 전환, 세제 개혁과 규제 혁신, 지역 균형 발전과 교육 개혁.

이 모든 것을 단편적 접근이 아닌 유기적이고 통합적인 구조 개혁 과제로 다루었다.

셋째, 산업 전략을 다시 짜는 데 집중했다. 반도체, AI, 바이오, 2차 전지, 그린 산업 같은 신성장 동력을 선제적으로 육성하고, 제조업을 스마트화하며, 농업과 수산업도 전략 산업으로 전환해야 한다. 문화 콘텐츠, 관광, 의료 수출을 통한 산업 다변화 전략도 중시했다.

넷째, 금융과 시장의 공정성과 투명성을 복원하는 과제를 강조했다. 금융 공공성과 시장 효율성의 균형, 금융 소비자 보호, 부동산 금융 규율 강화, 디지털 자산 제도화 등 금융 시장을 새롭게 설계할 것을 제안했다.

다섯째, 복지·주거·청년 정책의 대전환을 모색했다. 복지 패러다임의 전환, 국민연금과 건강보험 개혁, 저출산 대응 인프라 구축, 청년 창업·주거 통합 지원 등이 지속 가능한 공동체를 위한 핵심 과제로 제시된다.

여섯째, 세계 속의 한국 경제를 새롭게 재구성할 필요성을 역설했다. 미·중 전략 경쟁 대응, 글로벌 공급망 자립, 탄소 국경세·디지털세 선제 대응, 전략적 이민 정책, 한반도 평화 경제 구상 등 대외 전략과 경제 외교를 총체적으로 다루었다.

마지막으로, 시스템 혁신의 중요성을 강조했다. 국가 리더십, 국회 운영, 공공 기관 거버넌스, 사회적 경제 제도화, 데이터·AI 시대 윤리 확립, 감사와 감시 시스템 혁신, 국가 미래 위원회 설치, 국민 합의형 새판 짜기 모델 제시 등 정치 경제 시스템 전반의 근본적 재구성을 제안했다.

국민과 함께 짜야 할 새판

새판 짜기는 정부만의 일이 아니다. 국회, 기업, 노동계, 시민 사회, 학계, 그리고 무엇보다 국민 모두가 함께 참여해야 한다. 사회적 대타협, 국민적 공론화, 세대와 지역을 아우르는 광범위한 연대가 필요하다.

'경제를 다시 세운다'는 것은 단순한 성장률 회복이 아니다. 그것은 나라를 새롭게 설계하는 일이다. 기회가 공정하고, 시장이 투명하며, 사회가 포용적이고, 미래에 대한 신뢰가 살아 있는 나라. 그런 대한민국을 만들어야 한다.

지금 우리는 선택의 기로에 서 있다. 위기를 외면하고 현실에 안주할 것인가, 아니면 고통을 감수하고 대전환을 선택할 것인가. 이 책은 후자를 선택해야 한다고 말한다. 그것이 우리가 후손에게 물려줄 수 있는 가장 값진 유산이기 때문이다.

「한국 경제, 새판 짜기」는 완성형 답안을 제시하는 책이 아니다. 이것은 하나의 제안서이고, 하나의 출발선이다. 이 책이 더 많은 논쟁을 낳고, 더 깊은 토론을 촉진하고, 더 넓은 연대를 이끌어 낼 수 있다면 그것만으로도 의미가 있을 것이다.

경제는 인간의 삶이다. 그리고 삶은 끊임없이 바뀌고 진화한다. 변화하는 세상 속에서 한국이 다시 한번 기적을 이루기 위해 우리 모두는 함께 새로운 판을 짜야 한다. "구조를 바꾸고, 체질을 바꾸고, 미래를 연다." 그것이 지금 대한민국이 가야 할 길이다.

목차

머리말 구조를 바꾸고, 체질을 바꾸고, 미래를 연다　　　　　　　　005

제1부
한국 경제의 현실을 직시하다
- 진단과 경고

01	저성장 시대의 도래와 구조적 원인	016
02	양극화와 사회적 불평등의 심화	020
03	인구 절벽과 초고령 사회, 경제 위기 요인	025
04	부채 경제의 그림자 - 가계, 기업, 국가	030
05	청년 세대 절망 - 일자리, 주거, 미래 불안	035
06	플랫폼 자본주의와 불공정 경제 생태계	040
07	산업 경쟁력 하락과 R&D의 기로	045
08	중소기업 몰락과 자영업 구조 붕괴	050
09	불신받는 정책, 불안한 경제 심리	055
10	국제 정세 격변과 한국 경제의 취약성	060

제2부
구조를 바꿔야 산다
- 경제 체질 혁신

01	성장 패러다임 전환 - 양에서 질로	068
02	산업 구조 전환 - 추격형에서 선도형으로	073
03	노동 시장 유연성과 고용 안정성의 조화	077
04	생산성 혁신, 디지털 전환이 관건이다	082
05	지역 균형 발전, 수도권 과밀을 넘어서	087
06	인재 정책, 교육 개혁 없이는 답 없다	092
07	세제 개혁과 공정한 조세 체계 구축	097
08	규제 혁신, 민간 활력 회복의 출발점	102
09	국가 통계 혁신 - 신뢰받는 데이터 체계	107
10	정부 운영 패러다임 - 관리에서 전략으로	112

제3부
산업 전략을 다시 짜자
- 미래 경쟁의 설계도

01	반도체·AI 초격차 전략 지속 가능성	118
02	2차 전지, 바이오, 우주 산업 육성 방안	123
03	그린 산업과 에너지 전환의 생태계 구축	128
04	제조업 르네상스 - 스마트화와 친환경화	132
05	농업과 수산업, 전략 산업으로 전환하라	137
06	문화 콘텐츠와 K-브랜드의 세계화	141
07	관광·의료·교육 수출 산업화	146
08	공공 조달의 혁신과 민간 연계 전략	150
09	산업 정책과 기술 정책의 통합 설계	154
10	민·관·학 혁신 생태계의 재구축	158

제4부
금융과 시장
– 공정성과 투명성 복원

01	금융 공공성과 시장 효율성의 균형	164
02	사모 펀드·보험 등 금융 사고 방지 대책	169
03	기업 지배 구조 개선과 주주권 강화	173
04	ESG와 사회 책임 금융의 정착	178
05	혁신 기업을 위한 금융 인프라 구축	182
06	금융 소비자 보호와 정보 비대칭 해소	187
07	부동산 금융과 거시 건전성의 조화	192
08	지역 금융 활성화와 금융 포용성	197
09	디지털 자산과 암호 화폐의 제도화	201
10	금감원·금융위 역할 재정립과 독립성 강화	206

제5부
복지·주거·청년
– 지속 가능한 공동체를 위한 사회 정책

01	복지 패러다임, 보호에서 자립으로	212
02	국민연금 개혁 – 지속 가능한 노후 시스템	216
03	건강보험과 의료 개혁의 균형점	220
04	저출산 해법, 가족 친화 인프라 구축	224
05	공공 주거·임대 정책의 구조 개편	228
06	교육 격차 해소와 기회의 평등	232
07	청년 정책 – 교육, 창업, 금융, 주거의 통합	236
08	고령 사회 대책 – 일자리와 복지의 연결	240
09	사회적 약자 보호와 포용 정책 설계	244
10	데이터 기반 사회 정책 설계 시스템	248

제6부
세계 속의 한국 경제
- 글로벌 전략과 경제 외교

01	미·중 전략 경쟁 시대의 통상 외교	254
02	EU, 아세안, 중남미로의 무역 다변화	258
03	글로벌 공급망 위기와 전략적 자립	262
04	탄소 국경세와 기후 변화 대응 산업 정책	266
05	디지털세, 글로벌 조세 체계 대응 전략	270
06	외환 시장 안정성과 환율 정책의 방향	274
07	ODA와 경제 협력의 국익 전략	278
08	한국형 개발 모델의 수출 가능성	282
09	전략적 이민 정책과 글로벌 인재 유치	286
10	한반도 평화와 경제의 상관성	290

제7부
경제를 움직이는 시스템
- 제도, 거버넌스, 철학

01	국가 리더십과 거버넌스의 재설계	296
02	국회와 정책의 선순환 구조 만들기	300
03	공공 기관 개혁과 자율 경영 시스템	304
04	협동조합·사회적 경제의 제도화	308
05	데이터·AI 시대의 법과 윤리	312
06	감시와 투명성, 감사 시스템 혁신	316
07	국책 연구 기관의 역할과 구조 재정립	320
08	시민 참여와 정책 피드백 구조 설계	324
09	장기 전략 수립을 위한 국가 미래 위원회	328
10	'새판 짜기'를 위한 국민 합의형 정치 경제 모델	332

맺는말 새판을 짜는 용기, 미래를 여는 지혜   336

제1부
한국 경제의 현실을 직시하다
- 진단과 경고

한국 경제는 저성장, 양극화, 인구 절벽, 부채 위기, 산업 경쟁력 하락 등 복합적 구조적 위기에 직면해 있다. 플랫폼 자본주의와 국제 정세 변화가 경제 생태계를 뒤흔들고 있으며, 청년 세대의 절망과 자영업 몰락은 심화되고 있다. 불신받는 정책과 불안한 심리가 위기를 더욱 증폭시키고 있다. 변화하는 글로벌 환경 속에서 한국 경제의 취약성을 직시하고 근본적 구조 전환을 모색해야 한다.

01 저성장 시대의 도래와 구조적 원인

끝나 버린 고도성장의 공식

한때 한국은 세계가 주목한 기적의 경제를 이룩했다.

1960년대 초반, 1인당 국민 소득이 100달러에도 미치지 못했던 나라가 반세기 만에 3만 달러를 돌파했다. 수출 주도형 산업화, 교육열, 정부 주도의 전략적 개입이라는 세 축이 고도성장의 동력이었다.

그러나 시간이 흐르며 이 성장 공식은 점차 힘을 잃었다. 글로벌화가 한계에 다다르고, 제조업 중심 산업 구조는 세계 기술 혁신의 흐름을 따라잡지 못했다. 과거의 성장 동력이었던 제조업과 건설업은 이미 포화 상태에 이르렀고, 신산업으로의 전환은 지지부진했다. 이제 한국 경제는 연평균 성장률 2퍼센트를 넘기기도 어려운 시대를 맞았다.

저성장은 단순한 경기 순환의 결과가 아니다. 그것은 구조적이고, 지속적이며, 대응하지 않으면 한국 경제의 침체를 고착화시킬 수 있는 심각한 현실이다.

저성장을 만드는 구조적 병목들

한국 경제를 짓누르는 가장 큰 요인은 생산 가능 인구의 감소다. 출산율은 세계 최저를 기록했고, 생산 가능 인구는 매년 수십만 명씩 감소하고 있다. 노동력 자체가 줄어드는 구조적 문제는 투자와 소비의 동반 위축을 불러오고 있으며, 잠재 성장률을 떨어뜨리고 있다.

산업 측면에서도 문제는 심각하다. 여전히 반도체, 자동차, 조선 등 전통 제조업에 대한 의존도가 높지만 이들 산업도 글로벌 경쟁 심화와 기술 한계에 직면해 있다. 특히 중소기업 부문의 생산성은 대기업의 절반에도 못 미치는 수준으로, 경제 전반의 효율성이 떨어지고 있다.

여기에 규제의 무거움, 노동 시장 경직성, 과도한 행정 절차가 민간 부문의 활력을 억누르고 있다. 무엇보다 정책 일관성과 예측 가능성의 부재는 투자 심리를 위축시키고 있으며, 시장의 신뢰를 약화시키고 있다. 이처럼 다층적인 구조적 병목이 저성장을 고착화시키고 있는 것이다.

질적 성장으로의 대전환이 필요하다

저성장을 운명처럼 받아들일 필요는 없다. 문제는 성장의 가능성 자체가 아니라 성장의 방식에 있다. 과거처럼 노동력 투입과 대규모 자본 투자에 의존하는 성장 모델은 한계에 도달했다. 이제는 질적 성장, 즉 생산성과 혁신을 통한 성장이 유일한 대안이다.

이를 위해서는 인공 지능, 빅 데이터, 바이오, 친환경 에너지 등 미래 산업에 대한 과감한 투자와 지원이 필요하다. 동시에 기존 산업의 디지털 전환을 가속화하여 전통 제조업도 생산성을 높여야 한다. 인구 구조 변화에 대응하기 위해 고령자와 여성의 경제 활동 참여를 확대하고, 이민 정책을 전략적으로 전환하는 것도 필수적이다.

정책 측면에서는 예측 가능한 규제 환경, 민간 주도의 혁신 생태계 조성, 정부의 전략적 투자 지원이 삼위일체로 맞물려야 한다. 경제 체질을 질적으로 바꾸지 못하면, 저성장 탈출은 영원히 요원할 것이다.

저성장 시대, 한국 경제가 선택해야 할 길

한국 경제는 지금 중대한 기로에 서 있다.

과거의 성공을 기념하는 데 머물 것인가, 아니면 전혀 다른 길을 모색할 것인가. 저성장은 일시적인 불황이 아니라 새로운 환경이다. 이 환경에 적응하기 위해서는 성장의 패러다임 자체를 바꿔야 한다.

첫째, 생산성 향상은 국가적 과제로 삼아야 한다. 혁신 기술을 모든 산업에 접목시키고, 중소기업의 기술 역량을 끌어올려야 한다.

둘째, 인구 전략을 과감히 전환해야 한다. 출산율 제고뿐만 아니라 이민자 수용, 고령 인력 활용, 청년 일자리 지원 등 총체적 접근이 필요하다.

셋째, 정책 신뢰를 회복해야 한다. 일관성 있는 규제 개혁, 기업 친화적 환경 조성, 민간 주도 혁신을 지원하는 정부 역할이 무엇보다 중요하다. 저성장 시대를 비관할 필요는 없다. 방향을 제대로 설정하고, 구조를 바꾸고, 체질을 바꾼다면 한국 경제는 다시 한번 도약할 수 있다. 문제는, 지금 과연 그 결단을 내릴 수 있는가 하는 것이다.

02 양극화와 사회적 불평등의 심화

분열된 경제, 분열된 사회

한국 경제의 성장 이면에는 깊고 어두운 그림자가 드리워져 있다. 그것은 바로 양극화의 심화다. 소득과 자산, 교육과 고용, 지역과 세대 간에 걸친 다층적 불평등은 이미 사회 전반에 뿌리내렸고, 경제 체질을 갉아먹고 있다.

과거에는 고도성장 속에 양극화 문제가 상대적으로 가려져 있었다. 소득이 빠르게 증가하고 일자리가 넘쳐나던 시절에는 상대적 격차가 존재하더라도 삶의 질 자체는 향상되고 있다는 믿음이 있었다. 그러나 저성장 시대로 접어든 지금, 성장의 열매는 점점 더 일부에게만 돌아가고 있다.

상위 10퍼센트가 전체 자산의 60퍼센트 이상을 차지하고, 하위 50퍼센트는 겨우 2퍼센트의 자산을 나누는 현실은 이미 통계로 드러난 사실이다. 소득 격차는 시간이 갈수록 확대되고 있으며, 부의 대물림은 구조화되고 있다. 심지어 부모의 경제적 배경이 자녀의 교육, 직업, 심지어 결혼 기회까지 좌우하는 현실 속에서 '계층 이동'이라는 말은 점점 허구가 되어 가고 있다.

경제적 분열은 곧 사회적 분열로 이어지고 있으며, 이것은 단순한 경제 문제를 넘어 민주주의 체제 자체를 위협하는 심각한 문제로 비화하고 있다.

격차를 키우는 네 가지 심층 구조

한국 사회에서 양극화를 심화시키는 구조는 네 가지로 요약할 수 있다.

첫 번째는 자산 격차의 극대화다. 부동산 가격 상승은 자산 있는 이들에게는 부를 불려 주는 수단이 되었지만, 자산이 없는 청년과 서민들에게는 벽처럼 느껴진다. 서울과 지방, 수도권과 비수도권, 심지어 수도권 내에서도 강남과 비강남 간의 격차는 점점 벌어지고 있다.

두 번째는 교육 격차다. 명문 학군, 고액 사교육, 해외 유학 등 상위 소득층이 독점할 수 있는 교육 기회는 결국 자녀 세대의 경제적 지위를 결정짓는 주요 수단이 되고 있다. 공교육이 제 기능을 상실하면서, 교육을 통한 계층 이동은 사실상 불가능에 가까워졌다.

세 번째는 고용 격차다. 대기업과 중소기업, 정규직과 비정규직,

수도권과 지방 기업 간의 임금과 근로 조건 차이는 구조화되어 있다. 특히 청년층은 안정적이고 괜찮은 일자리를 구하기 점점 더 어려워지고 있으며, 플랫폼 노동과 같은 새로운 형태의 불안정 노동이 확산되고 있다.

네 번째는 지역 격차다. 수도권은 경제적, 교육적, 문화적 자원을 독점하고 있는 반면, 지방은 소멸 위기에 몰리고 있다. 이로 인해 인구 이동이 심화되고, 지역 경제의 자생력은 갈수록 약화되고 있다. 결과적으로 수도권 일극 체제는 더욱 강화되고, 지방은 쇠퇴하는 악순환이 반복되고 있다.

양극화가 경제를 갉아먹는 방식

양극화는 단순히 사회적 정의의 문제를 넘어, 경제 성장의 기반 자체를 약화시키는 치명적인 독소다.

첫째, 양극화는 내수 시장을 붕괴시킨다. 중산층이 몰락하고, 대다수 국민의 소득이 정체되면 소비는 위축될 수밖에 없다. 소비 여력이 줄어들면 기업의 매출도 감소하고, 이는 투자 부진으로 이어진다.

둘째, 인적 자원의 낭비를 초래한다. 교육 격차로 인해 많은 인재가 적절한 기회를 얻지 못하고 사장된다. 사회 전반의 생산성과 혁신 역량이 약화되고, 장기적으로 국가 경쟁력 자체가 떨어질 수밖에 없다.

셋째, 사회적 갈등 비용이 급증한다. 양극화가 심화되면 사회 통합은 약화되고, 불만과 갈등이 폭발하게 된다. 치안 비용, 복지 비용, 정치적 불안정성이 모두 상승하면서 국가 전체의 관리 비용이 증가한다. 갈등이 심화될수록 기업들은 불확실성을 우려해 투자에 소극적이 되며, 이는 또 다른 성장 둔화를 낳는다.

넷째, 정책의 일관성과 예측 가능성이 훼손된다. 양극화로 인해 포퓰리즘 정치가 득세하면, 단기 인기 영합적 정책이 난무하고 장기 전략은 실종된다. 이렇게 되면 경제 주체들은 미래를 예측할 수 없게 되고, 장기 투자가 어려워진다.

양극화를 넘어서기 위한 새로운 사회 계약

양극화를 극복하기 위해서는 단순한 소득 재분배를 넘어, 사회 전체를 재설계하는 수준의 대전환이 필요하다. 무엇보다 자산 형성의 사다리를 복원해야 한다. 청년과 무주택자, 저소득층이 자산을 축적할 수 있도록 주거, 금융, 교육에 대한 전방위적 지원이 이뤄져야 한다. 단순히 현금을 나누는 것이 아니라 기회를 창출하는 정책이 필요하다.

공교육 정상화와 지역 간 교육 격차 해소도 시급하다. 모든 아이가 부모의 경제력과 무관하게 양질의 교육을 받을 수 있도록 해야 한다. 이를 통해 계층 이동의 사다리를 다시 세워야 한다. 일자리 정책 역시 양질의 고용을 확대하는 방향으로 전환되어야 한다. 중소기업과 플랫폼 노동의 질을 높이고, 다양한 형태의 고용을 제도적으로 보호해야 한다.

사회 안전망도 대폭 강화해야 한다. 실패해도 다시 일어설 수 있는 사회, 기본적 생존이 보장되는 사회를 만들어야 한다. 그렇게 함으로써 경제의 역동성을 살리고, 사회적 통합을 복원할 수 있다. 궁극적으로 양극화를 넘어서기 위해서는 한국 사회 전체가 새로운 사회 계약을 맺어야 한다. 공정과 기회, 연대와 혁신이 중심이 되는 사회를 향해 지금 당장 방향을 틀어야 한다.

03 인구 절벽과 초고령 사회, 경제 위기 요인

이미 시작된 인구 절벽의 충격

한국은 세계 어느 나라보다 빠르게 인구 절벽에 진입하고 있다. 출생아 수는 해마다 감소하여 2020년대 초반에는 연간 출생아 수가 30만 명 선 아래로 떨어졌다. 합계 출산율은 세계 최저 수준인 0.7명대를 기록하고 있으며, 이는 인구 재생산을 위한 최소 기준인 2.1명에 턱없이 못 미친다. 인구학자들이 경고하던 '인구 절벽'은 더는 미래의 이야기가 아니다. 이미 눈앞의 현실로 닥쳐왔다.

인구 감소는 단순히 사람 수가 줄어드는 문제가 아니다. 생산 가능 인구가 빠르게 감소하면서 경제 성장률이 하락하고, 소비 시장 규모가 축소되며, 국가 전반의 역동성이 약화된다. 동시에 기대 수명의 증가로 고령 인구 비중은 급속히 늘어나고 있다.

2024년 12월 전체 인구 중 65세 이상이 20퍼센트를 초과하는 초고령 사회에 진입했다. 젊은 인구는 줄고, 고령 인구는 급증하는 이중적 압박 속에서 한국 경제는 전례 없는 구조적 충격을 맞고 있다.

경제 기반을 잠식하는 인구 구조 변화

인구 절벽과 초고령 사회가 가져오는 경제적 충격은 다층적이다. 무엇보다 먼저, 생산 가능 인구의 감소는 노동 공급을 위축시키고, 이는 경제 성장의 가장 기본적인 동력을 약화시킨다. 노동 투입의 감소는 생산 자체를 줄어들게 하고, 장기적으로 산업 전반의 경쟁력을 떨어뜨린다. 단순히 일할 사람이 부족해지는 것이 아니라 생산성과 혁신을 이끌어 갈 젊은 인재 풀이 줄어드는 것이다.

소비 시장 역시 심각한 타격을 입는다. 고령층은 소비 탄력성이 낮아지고, 미래에 대한 기대 소비를 하지 않는다. 젊은 세대가 줄어들면 자동차, 주택, 교육, 문화 산업 등 경제의 주요 내수 축이 위축된다. 특히 청년층 감소는 스타트업 생태계나 신산업 시장 성장에도 부정적 영향을 미친다. 새로운 시장을 개척하고 위험을 감수할 세대가 줄어드는 것은 한국 경제의 미래 역동성 자체를 위협하는 일이다.

한편, 복지 지출은 눈덩이처럼 불어난다. 고령자들은 의료, 요양, 연금 등 다양한 복지 서비스를 필요로 한다. 반면 세금을 내는 인구는 줄어들고 있어 재정 지속 가능성에 심각한 적신호가 커지고 있다. 복지 수요 증가와 재정 수입 감소라는 이중 압박은 국가의 정책 운신 폭을 급격히 줄이고 있다. 고령화는 단순히 의료비 문제만이 아니라 전체 경제 시스템을 바꿔야 하는 거대한 도전이다.

늦기 전에 체질을 바꿔야 한다

이제 단순히 출산율을 높이자는 선언적 구호만으로는 인구 절벽을 막을 수 없다. 문제의 심각성을 직시하고, 경제와 사회 시스템 전반을 다시 설계해야 한다.

첫 번째 과제는 삶의 질을 높이는 것이다. 출산율은 사회 전반의 생활 환경, 주거 여건, 일자리 안정성, 양육 지원, 성평등 문화 등 복합적 요인에 의해 결정된다. 단순히 출산 장려금을 지급하는 것만으로는 출산율 반등을 기대할 수 없다. 근본적으로 젊은 세대가 삶을 꾸릴 수 있는 토대를 마련해야 한다.

두 번째 과제는 이민 정책의 전환이다. 선진국들은 이미 전략적 이민 정책을 통해 노동력 감소 문제에 대응하고 있다. 한국도 단순 기능 인력 도입을 넘어 고급 인재, 청년층 중심의 적극적인 이민 유치 전략을 세워야 한다. 특히 지역 정착형 이민 프로그램을 통해 지방 소멸 위기에 대응할 필요가 있다.

세 번째 과제는 고령자 인력 활용이다. 건강한 고령자들이 노동 시장에 남아 경제 활동을 지속할 수 있도록 제도적, 문화적 환경을 조성해야 한다. 정년 연장, 탄력 근로 제도, 고령 친화적 일자리 창출 등 다양한 방안을 적극적으로 추진해야 한다. 고령 인구를 경제적 부담이 아닌 경제적 자산으로 전환하는 사고의 전환이 필요하다.

마지막으로 청년 세대의 경제 활동 참여를 적극적으로 지원해야 한다. 주거비와 교육비 부담을 줄이고, 창업과 도전을 할 수 있는 환경을 조성해야 한다. 청년층이 스스로 미래를 설계하고 삶의 기반을 마련할 수 있도록 정책적 지원을 강화해야만 한다. 청년을 외면하는 사회는 결국 미래를 포기하는 사회가 될 수밖에 없다.

초고령 사회, 한국 경제의 생존 전략

초고령 사회는 막을 수 없는 현실이다. 문제는 이 현실을 어떻게 준비하느냐에 달려 있다. 한국 경제는 초고령 사회에 맞춰 산업 구조를 재편해야 한다. 고령자를 위한 의료, 요양, 헬스 케어, 문화, 금융 서비스 산업을 미래 성장 산업으로 적극적으로 육성해야 한다. 실버 경제를 새로운 성장 동력으로 삼아야 한다는 것이다.

도시 구조도 고령화에 맞게 변해야 한다. 교통, 주거, 의료 인프라를 고령자 친화적으로 재구축하고, 고령자들이 안전하고 편리하게 생활할 수 있는 스마트 커뮤니티를 조성해야 한다. 이를 통해 고령화가 지역 경제를 무너뜨리는 것이 아니라 새로운 지역 혁신의 기회가 되도록 해야 한다.

복지 체계 역시 지속 가능성을 고려해 대대적으로 개편해야 한다. 연금 개혁, 건강보험 재정 안정화, 장기 요양 보험 구조 조정 등 민감하지만 불가피한 과제들을 더는 미루지 말아야 한다. 세대 간 형평성을 고려한 새로운 복지 모델을 설계해야 한다. 또한, 초고령 사회에서는 사회적 고립 문제도 심각해지기 때문에, 공동체적 지원 시스템을 강화해 나가야 한다.

궁극적으로 초고령 사회는 한국 경제가 얼마나 유연하고 창의적으로 대응할 수 있는지를 시험하는 무대가 될 것이다. 단순히 '늙어 가는 사회'를 두려워하는 것이 아니라 '품격 있게 나이 드는 사회'를 설계하는 것이 한국 경제의 새로운 과제가 되었다. 이제는 과거에 얽매이지 않고, 미래를 향해 새로운 전략을 짜야 할 때다.

04 부채 경제의 그림자
– 가계, 기업, 국가

부채 공화국의 실체를 직시하다

한국 경제는 겉으로 보기에는 여전히 돌아가는 듯하다. 대형 쇼핑몰은 사람들로 북적이고, 부동산 시장에는 여전히 움직임이 있다. 하지만 이 활력은 실체가 아니다. 그 이면에는 눈덩이처럼 불어난 부채가 있다. 가계, 기업, 정부를 막론하고 부채에 의존해 유지되는 '부채 경제'의 민낯이 드러나고 있다.

2025년 현재 한국의 가계 부채 총액은 2000조 원에 육박한다. 이는 GDP 대비 세계 최고 수준이다. 여기에 기업 부채, 정부 부채까지 합치면 한국의 경제 총부채는 GDP의 세 배를 초과한다. 한마디로, 돈이 돌고 있는 것처럼 보이는 이 경제는 사실 부채로 지탱되고 있는 구조다. 금리가 낮고 자산 가격이 상승하던 시기에는 이 부채 구조가 눈에 띄지 않았다. 하지만 세계적 금리 인상과 경기 둔화 흐름 속에서 부채의 위험성은 더 이상 외면할 수 없는 현실로 다가왔다.

부채는 경제를 확대하는 데 일시적으로 기여할 수 있지만, 일정 수준을 넘어서는 순간 경제를 파괴하는 독이 된다. 특히 한국처럼 부채 의존도가 높은 경제에서는 작은 충격도 체계를 송두리째 흔들 수 있다. 부채의 질적 변화를 이끌어 내지 못하면, 성장과 안정 모두를 잃게 될 것이다.

삼중 부채 구조가 가져오는 악순환

한국 경제의 부채 문제는 가계, 기업, 국가 세 부문 모두에서 심각하게 진행되고 있다. 가계 부채는 그중에서도 가장 우려할 만한 수준이다. 주택 구입, 교육비, 생활비 등 다양한 이유로 빚을 지고 있는 가구가 늘고 있으며, 특히 금리 인상기에는 이자 부담이 급격히 커지고 있다. 무엇보다 다중 채무자, 저신용자, 저소득층의 부채가 빠르게 늘고 있다는 점이 위험하다. 이들은 경제 충격에 가장 취약한 계층이며, 부실화될 경우 금융 시스템 전반에 위협을 가할 수 있다.

기업 부채 역시 문제다. 대기업은 상대적으로 건전성을 유지하고 있지만, 중소기업과 자영업 부문은 여전히 부채에 크게 의존하고 있다. 코로나19 위기 동안 정부 지원으로 연명했던 많은 중소기업이 이제는 고금리와 소비 위축이라는 이중고를 맞고 있다. 채무 상환 능력이 약화되면서 도산 위험이 커지고 있다.

정부 부채도 빠르게 늘어나고 있다. 복지 지출 확대, 경기 부양을 위한 재정 지출 증가, 고령화에 따른 사회 보장 비용 확충 등이 겹치면서 국가 채무는 가파르게 상승하고 있다. 관리 재정 수지 적자는 고착화됐고, 국가 채무 비율은 이미 50퍼센트를 넘어섰다. 이대로 가면 한국도 머지않아 재정 위험 국가 반열에 오를 수 있다.

가계 부실은 소비 위축을, 기업 부실은 투자 감소를, 정부 부실은 정책 여력 축소를 초래한다. 이 삼중 부채 구조는 서로 맞물려 악순환을 일으키며 경제를 깊은 침체로 몰아넣을 수 있다.

금리 충격과 부채 경제의 취약성

문제는 이제 금리가 낮던 시대가 끝났다는 것이다. 미국을 비롯한 주요 선진국들은 고물가를 억제하기 위해 기준 금리를 빠르게 올리고 있고, 한국 역시 이에 발맞춰 기준 금리를 인상했다. 이로 인해 대출 금리는 급등했고, 이자 상환 부담은 급증했다. 소득 대비 이자 비용 비율은 사상 최고치를 경신하고 있다.

가계는 주택 담보 대출, 신용 대출, 카드론 등 다양한 부채로 목을 죄고 있으며, 중소기업과 자영업자들도 대출금 상환 압박에 시달리고 있다. 특히 자산 가격 하락이 본격화될 경우, 부채를 담보로 한 자산의 가치가 급락하면서 금융 시스템이 흔들릴 가능성도 배제할 수 없다.

한국 경제는 고금리 충격을 흡수할 '내진 설계'가 부족하다. 가계의 상당 부분은 부동산 자산에 몰려 있어 유동성이 취약하고, 중소기업 부문은 재무 구조가 부실하며, 정부는 재정 건전성이 빠르게 악화되고 있다. 이 상황에서 작은 외부 충격만으로도 경제 전체가 흔들릴 수 있다. 부채가 만들어 낸 가짜 성장의 버블이 걷히고 나면, 남는 것은 상처투성이의 경제일 뿐이다.

부채의 질을 바꾸는 구조 개혁이 절실하다

부채 자체가 문제는 아니다. 모든 경제는 일정 정도 부채를 활용한다. 문제는 그 부채가 생산적 투자를 뒷받침하느냐, 아니면 소비나 투기성 자산에 쏠리느냐에 있다. 한국 경제는 그동안 후자에 지나치게 의존해 왔다. 따라서 지금 필요한 것은 부채를 줄이는 것보다 부채의 질을 개선하는 것이다.

가계 부채에 대해서는 소득 대비 상환 능력을 기준으로 대출 심사를 강화해야 한다. 부동산 가격 부양을 목표로 한 과거의 대출 규제 완화는 반복되어서는 안 된다. 청년과 서민층을 대상으로는 주택 구매를 넘어 생애 주기별 자산 형성을 지원하는 정책이 필요하다.

기업 부문에서는 특히 중소기업 재무 구조 개선을 지원해야 한다. 단순히 대출 만기 연장이나 이자 유예로 시간을 버는 정책은 한계가 있다. 경쟁력이 없는 한계 기업은 정리하고, 성장 가능성이 있는 기업에는 과감히 구조 조정 자금을 투입해야 한다. 고금리 환경에 맞춘 경영 혁신도 촉진해야 한다.

정부는 재정의 지속 가능성을 확보하는 데 최우선 순위를 둬야 한다. 단기적 복지 포퓰리즘을 경계하고, 효율적 복지 지출과 세입 기반 확대를 병행해야 한다. 특히 고령화에 따른 재정 수요 증가를 감안해 장기적 재정 운용 계획을 철저히 점검해야 한다.

궁극적으로는 금융 시장과 부동산 시장을 정상화하고, 생산적 투자로 자금을 유도하는 정책 전환이 필요하다. 부채 경제의 고리를 끊어 내지 못하면, 한국 경제는 성장도, 안정도, 지속 가능성도 모두 잃을 것이다.

05 청년 세대 절망
- 일자리, 주거, 미래 불안

생존을 고민하는 청년들

오늘날 한국 청년들에게 삶은 선택이 아니라 생존의 문제가 되어 가고 있다. 과거 세대가 상상했던 안정된 직장, 내 집 마련, 가정 꾸리기 같은 인생 설계는 청년들에게 점점 더 비현실적인 꿈이 되어 왔다. 대학을 졸업해도 괜찮은 일자리를 구하기 어려워졌고, 가까스로 직장을 잡더라도 고용 불안과 낮은 임금에 시달려야 한다. 생활비를 감당하기도 빠듯한 상황에서 전세나 매매를 통해 독립적인 주거를 마련하는 것은 거의 불가능에 가깝다.

2023년 통계에 따르면 청년층 체감 실업률은 20퍼센트를 넘어섰다. 명목상 취업자라 하더라도 비정규직, 플랫폼 노동 등 불안정한 일자리 비율이 높다. 청년들은 안정적 직장을 잡기 위해 스펙을 쌓고, 취업 시험을 준비하며 긴 시간을 소비하지만, 돌아오는 보상은 점점 더 줄어들고 있다.

취업에 성공하더라도 높은 주거비, 교육비, 미래에 대한 불확실성은 여전히 청년들의 어깨를 짓누른다. 꿈을 꾸기에는 현실이 너무 가혹한 상황이다. 청년들이 삶의 목표를 '버티기'로 설정하는 시대, 한국 사회는 심각한 경고를 받고 있는 것이다.

청년 절망을 키운 네 가지 구조적 모순

청년 세대가 이토록 절망에 빠진 데는 단순한 경기 침체나 개인적 노력 부족만으로는 설명할 수 없는 구조적 요인이 있다.

첫째, 일자리 질의 문제다. 청년 고용의 상당 부분이 비정규직, 계약직, 단기 아르바이트 등으로 채워지고 있으며, 안정성과 소득 수준 모두 만족스럽지 못하다. 대기업과 중소기업 간 임금 격차는 여전히 크고, 정규직 취업은 극소수에게만 허락된 특권이 되어 버렸다.

둘째, 스펙 경쟁과 과잉 자격의 문제다. 청년들은 각종 자격증, 외국어 능력, 인턴 경험을 갖추기 위해 시간과 비용을 투자하지만 실제 노동 시장에서 이들의 가치를 온전히 인정받지 못한다. 경쟁은 치열해졌지만 보상은 줄어들었다. 과잉 경쟁 속에서 상실감과 무력감은 점점 깊어지고 있다.

셋째, 주거 문제다. 수도권을 중심으로 한 집값 폭등은 청년들의 주거 안정성을 심각하게 위협하고 있다. 월세 부담은 소득의 상당 부분을 잠식하고 있으며 내 집 마련은 꿈조차 꾸기 어려운 상황이다. 자산 격차는 부모 세대부터 대물림되고 있고, 출발선의 차이는 갈수록 벌어지고 있다.

넷째, 사회 안전망의 부재다. 청년층을 위한 맞춤형 복지 제도는 여전히 부족하고, 실패를 경험한 청년들이 재도약할 수 있는 지원 시스템도 미약하다. 창업, 이직, 진로 변경 과정에서 겪는 위험을 청년 개인이 고스란히 떠안아야 하는 구조 속에서, 많은 청년은 스스로를 실패자로 낙인찍으며 사회에서 멀어져 간다.

개인의 책임을 넘어 구조적 개혁이 필요하다

오랫동안 한국 사회는 청년 문제를 개인의 노력 부족으로 치부해 왔다. "더 열심히 준비하라.", "남보다 더 경쟁하라."라는 식의 조언이 판을 쳤다. 그러나 문제는 분명하다. 이 시대 청년들의 절망은 개인적 실패가 아니라 구조적 실패다. 경제 시스템, 노동 시장 구조, 주거 정책, 복지 체계 전반이 청년들에게 불리하게 작동하고 있다.

따라서 청년 문제 해결을 위해서는 구조적 접근이 필요하다. 청년층이 겪는 일자리, 주거, 교육, 복지 문제를 통합적으로 바라보고, 청년 인생 전반을 지원하는 정책 패키지를 마련해야 한다. 특히 청년들을 '지원 대상'이 아니라 '미래를 함께 설계할 주체'로 인정하는 태도 전환이 중요하다.

청년 문제는 청년들만의 문제가 아닌 한국 사회 전체의 지속 가능성과 직결된 문제다. 지금 청년들에게 희망을 주지 못하면, 한국 경제도 미래를 잃게 될 것이다.

청년을 다시 일으키는 사회적 투자

청년 세대를 절망에서 일으켜 세우기 위해서는 무엇보다 양질의 일자리를 늘려야 한다. 단순히 일자리 숫자를 늘리는 것이 아니라 고용의 질을 높이고, 지속 가능한 커리어를 설계할 수 있는 환경을 만들어야 한다. 이를 위해 대기업뿐 아니라 중소기업, 스타트업, 공공 부문 모두가 청년 고용 확대에 적극적으로 나서야 한다. 특히 디지털, 친환경, 바이오 등 신산업 분야에서 청년 일자리 창출을 가속해야 한다.

주거 문제에 대해서는 보다 과감한 정책이 필요하다. 청년 전용 공공 임대 주택을 대폭 확충하고, 주거비 지원 프로그램을 확대해 청년들의 주거 안정을 실질적으로 뒷받침해야 한다. 부동산 시장 안정화와 청년 주택 접근성 제고는 경제 전체의 건강성을 위해서도 필수적인 과제다.

창업과 도전을 장려하는 생태계도 구축해야 한다. 단순히 창업 자금을 지원하는 데 그치지 않고, 실패해도 재도전할 수 있는 사회적, 금융적 안전망을 마련해야 한다. 실패를 용인하는 사회, 다시 일어설 기회를 제공하는 사회가 되어야 한다.

　마지막으로, 청년 복지와 심리적 지원을 강화해야 한다. 기본적인 소득 안정, 구직 활동 지원, 정신 건강 지원까지 포괄하는 복지 체계를 구축해야 한다. 청년 한 사람, 한 사람이 사회에 소중한 자산임을 인식하고, 그들이 스스로의 삶을 설계할 수 있도록 든든히 뒷받침해야 한다. 청년을 위한 투자는 곧 한국 사회 전체의 미래를 위한 투자다.

06 플랫폼 자본주의와 불공정 경제 생태계

혁신이 만든 거대한 권력

플랫폼은 21세기 경제를 근본부터 바꿔 놓은 혁신이었다. 인터넷과 모바일 기술의 발전은 전통적 유통 구조를 무너뜨리고, 소비자와 생산자를 직접 연결하는 새로운 시장을 열었다. 쇼핑, 배달, 숙박, 모빌리티, 금융, 교육 등 거의 모든 분야에서 플랫폼은 소비자 편의를 극대화하며 경제를 빠르게 확장시켰다. 초기에는 이 혁신이 시장의 효율성을 높이고, 경제 전반에 긍정적 파급 효과를 가져올 것이라는 기대가 컸다.

하지만 시간이 흐르면서 플랫폼이 단순한 중개자를 넘어 하나의 거대한 권력으로 변모하고 있다는 사실이 드러났다. 네트워크 효과에 의해 이용자가 몰리면 몰릴수록 플랫폼의 힘은 커지고, 시장을 사실상 지배하는 위치에 오르게 된다.

이 과정에서 소비자 선택권은 점차 제한되고, 공급자들은 플랫폼이 제시하는 조건을 일방적으로 수용해야 하는 상황에 몰린다.

플랫폼은 혁신의 얼굴을 하고 있지만, 그 이면에서는 자유 경쟁의 원리를 무너뜨리고 있다.

불공정 생태계의 네 가지 현실

플랫폼 경제가 만들어 낸 가장 심각한 문제는 불공정 생태계의 고착화다.

첫 번째 문제는 거래 상대방에 대한 지배력 남용이다. 플랫폼은 입점 업체나 운송 기사, 콘텐츠 제작자들에게 과도한 수수료를 부과하거나 불리한 계약 조건을 강요한다. 공급자들은 플랫폼을 통하지 않고는 소비자에게 접근할 수 없는 현실 속에서 플랫폼의 요구를 거부하기 어려운 상황에 부닥쳐 있다.

두 번째 문제는 데이터 독점과 알고리즘 불투명성이다. 플랫폼은 소비자와 공급자 간의 모든 거래 데이터를 독점적으로 수집하고 이를 이용해 시장을 장악한다. 그러나 이 데이터는 외부에 공개되지 않으며, 추천이나 노출을 결정하는 알고리즘 역시 불투명하게 운영된다. 결과적으로 플랫폼은 시장의 룰을 독점적으로 설계하고 조정하는 위치에 서게 된다.

세 번째 문제는 노동의 플랫폼화와 책임 회피다. 배달 기사, 대리운전 기사, 플랫폼 콘텐츠 제작자 등은 형식상 개인사업자로 분류되지만, 실질적으로는 플랫폼의 통제 아래 움직인다. 그런데도 플랫폼은 이들에게 고용주로서의 법적 책임을 지지 않으며, 사회보험, 안전 장비, 휴식권 보장 등 기본적 노동권도 제대로 보장하지 않는다.

네 번째 문제는 진입 장벽의 강화다. 대형 플랫폼이 시장을 장악한 상태에서는 신생 플랫폼이나 중소 사업자가 진입할 기회를 얻기 어렵다. 막대한 초기 투자 비용과 브랜드 인지도 차이, 데이터 격차가 새로운 경쟁자의 등장을 원천 봉쇄하고 있다. 결국 플랫폼 시장은 승자 독식 구조로 굳어지고 있으며, 혁신 대신 독점이 자리 잡고 있다.

플랫폼 규율, 더 이상 미룰 수 없다

그동안 플랫폼 산업은 '혁신'이라는 이름 아래 사실상 방임되어 왔다. 규제가 없는 자유로운 환경이 새로운 서비스를 가능케 했고, 소비자 편의를 높였다는 점도 사실이다. 그러나 그 대가로 우리는 시장의 공정성과 다양성, 노동권, 소비자 주권을 잃어 가고 있다. 지금 한국 사회가 직면한 문제는 혁신과 규제의 이분법적 선택이 아니다. 공정하고 지속 가능한 플랫폼 생태계를 만들어야 한다는 명백한 과제다.

플랫폼 산업은 이미 사회 인프라의 일부가 되었다. 이들을 규제하고 감시하는 것은 단순한 산업 정책이 아니라 사회 전체의 지속 가능성과 직결된 문제다.

첫째, 거래 공정성을 확보해야 한다. 플랫폼과 공급자 간 계약의 투명성을 높이고, 불공정 행위를 제재하는 법적 장치를 강화해야 한다.

둘째, 데이터의 민주화를 추진해야 한다. 거래 데이터에 대한 접근권을 입점 업체와 소비자에게 확대하고, 알고리즘 운영 방식을 보다 투명하게 공개해야 한다.

셋째, 플랫폼 노동자를 보호해야 한다. 새로운 노동 형태에 맞는 법적 지위를 부여하고, 사회보험과 기본적 권익 보장을 단계적으로 확대해야 한다.

넷째, 공정 경쟁 환경을 조성해야 한다. 대형 플랫폼의 무분별한 인수 합병을 제한하고, 중소 플랫폼과 신생 기업의 시장 진입을 적극적으로 지원해야 한다. 규율은 혁신을 억누르는 것이 아니라 혁신이 공정한 방향으로 성장할 수 있도록 돕는 장치여야 한다.

플랫폼 경제, 새판을 짜야 할 때

플랫폼은 앞으로도 경제의 핵심 인프라로 자리할 것이다. 문제는 그 인프라가 누구를 위해, 어떤 원칙 위에 세워질 것인가다. 단기적 편의와 성장 수치를 넘어서, 장기적 지속 가능성과 사회적 책임을 함께 고민해야 한다.

플랫폼이 소비자에게 선택권을 제공하고, 공급자에게 정당한 보상을 보장하며, 노동자에게 최소한의 존엄성을 지켜 주는 구조를 갖추지 않는다면, 그 산업은 결국 스스로의 기반을 무너뜨리게 될 것이다.

지금 필요한 것은 무조건적인 규제도, 무조건적인 자유 방임도 아니다. 플랫폼 경제를 공정성과 투명성 위에 세우는 전략적 재설계가 필요하다. 이를 통해 플랫폼이 독점의 제국이 아니라 혁신과 성장, 공존과 포용을 이끄는 건강한 생태계로 거듭나야 한다.

한국 경제가 플랫폼 시대의 패러다임 변화를 주도할 것인가, 아니면 플랫폼 독점에 종속된 채 추락할 것인가는 지금 우리가 어떤 선택을 하느냐에 달려 있다. 편리함 뒤에 숨은 불공정을 외면하지 않고, 모두를 위한 경제 생태계를 세워 나갈 때, 플랫폼 경제는 진정한 혁신의 엔진이 될 수 있다.

07 산업 경쟁력 하락과 R&D의 기로

한때 세계를 놀라게 했던 산업 경쟁력

한때 한국은 '산업 경쟁력'이라는 단어로 세계를 놀라게 했다. 자동차, 조선, 반도체, 디스플레이 등 주요 산업은 세계 시장을 선도했고, '메이드 인 코리아'는 품질의 상징으로 통했다. 산업화와 정보화를 빠르게 이루어 낸 한국은 선진국 반열에 올라서는 데 성공했다.

이 과정에서 정부 주도의 전략적 산업 육성, 민간 기업들의 과감한 투자, 국민의 근면성과 교육열이 어우러졌다.

그러나 이 성공의 공식은 점차 빛을 잃어 가고 있다. 과거의 주력 산업들은 글로벌 경쟁 심화와 기술 혁신의 속도를 따라잡지 못하고 있으며, 새로운 성장 동력 발굴도 지지부진하다. 특히 중국의 추격은 예상보다 빠르게 진행되고 있고, 미국, 유럽, 일본은 신기술 분야에서 다시 앞서가기 시작했다. 반도체를 제외하면 한국 주력 산업의 글로벌 위상은 점차 약화되고 있다. 한국 경제가 한때 보여 주었던 '빠른 추격자fast follower'의 전략은 이제 한계에 부딪혔다.

경쟁력을 갉아먹는 구조적 문제들

한국 산업 경쟁력이 약화되는 데는 몇 가지 구조적 문제가 존재한다. 가장 큰 문제는 산업 구조의 경직성이다. 여전히 경제 전반은 제조업, 특히 중후장대重厚長大 산업 중심으로 짜여 있다. 반면 4차 산업 혁명 시대에 요구되는 신기술 기반 산업, 서비스 산업, 창의 산업 육성은 상대적으로 부진하다. 산업 다변화가 지체되면서, 경제 전체가 특정 산업군의 부침에 과도하게 의존하는 위험한 구조가 고착되고 있다.

또한, 민간 기업들의 연구 개발R&D: Research and Development 투자 집중도에도 문제가 있다. 대기업 위주로 R&D가 편중되면서 중소기업, 스타트업, 신생 기업들의 기술 혁신 여력은 제한되고 있다. 기술의 상향 평준화가 이뤄지지 않으면 산업 전반의 경쟁력은 점점 더 약해질 수밖에 없다. 특히 인공 지능, 바이오, 친환경 에너지, 우주 산업 등 미래 산업에서는 글로벌 선도국과의 기술 격차가 벌어지고 있는 실정이다.

노동 시장 유연성 부족도 문제다. 급변하는 산업 환경에 맞춰 인력 재배치와 재교육이 신속하게 이뤄져야 하지만, 경직된 고용 구조가 이를 어렵게 만들고 있다. 여기에 규제 환경의 경직성, 신산업에 대한 사회적 수용성 부족 등도 한국 산업의 발목을 잡고 있다. 결국, 과거 성공을 이끈 시스템이 오히려 현재의 발목을 잡는 역설이 벌어지고 있다.

R&D 투자, 혁신의 엔진인가 실패한 관성인가

한국은 GDP 대비 연구 개발 투자 비율이 세계 최고 수준에 가깝다. 겉으로 보기에는 과학 기술 강국처럼 보이지만, 투자 대비 성과를 따져보면 상황은 그리 낙관적이지 않다. 문제는 '얼마나 투자했는가'가 아니라 '어디에, 어떻게 투자했는가'다.

R&D 투자가 대기업과 특정 산업군에 집중되면서, 경제 전반의 혁신 역량은 오히려 편중되고 왜곡되었다. 공공 R&D의 경우 정치적 이해관계에 따라 방향이 왜곡되거나, 성과를 측정하기 어려운 방식으로 집행되는 사례도 많았다. 연구 개발 과정에서 실패를 용인하지 않는 문화도 문제다. 새로운 분야에 도전하는 대신, 성공 가능성이 큰 안정적 연구에 집중하는 경향이 짙어졌다. 이로 인해 진정한 '파괴적 혁신'은 찾아보기 어려워졌다.

또한, R&D와 산업화, 시장화 간의 연결 고리가 약하다. 연구 성과가 기술 사업화로 이어지지 못하고, 대학과 연구 기관에만 머무르는 경우가 비일비재하다. 결국, 막대한 R&D 투자에도 불구하고 경제 성장이나 산업 구조 혁신으로 이어지는 효과는 기대에 못 미치고 있다. 한국의 R&D 시스템은 혁신의 엔진이 아니라 실패한 관성의 굴레가 되어 가고 있다.

산업 혁신을 위한 대전환이 필요하다

이제 한국은 산업 경쟁력을 회복하기 위해 근본적인 대전환을 해야 한다.

첫 번째 과제는 산업 구조 다변화다. 전통 제조업에 안주하지 말고 인공 지능, 빅 데이터, 바이오, 친환경 에너지, 우주 산업 등 미래 성장 산업에 본격적으로 투자하고 육성해야 한다. 특히 정부 주도의 산업 육성 모델이 아니라 민간 주도의 자율적이고 창의적인 혁신 생태계를 조성하는 데 집중해야 한다.

두 번째 과제는 R&D 혁신이다. 연구 개발 투자의 방향성과 질을 근본적으로 점검해야 한다. 대기업 중심의 편중을 완화하고, 중소기업과 스타트업, 대학, 연구 기관 간의 연계를 강화해야 한다. 실패를 용인하고, 과감한 도전을 장려하는 R&D 문화 조성도 필수적이다. 특히 연구 성과가 실제 산업화로 이어질 수 있도록 시장 연계형 R&D 시스템을 구축해야 한다.

세 번째 과제는 노동 시장과 인력 정책의 혁신이다. 산업 전환기에 필요한 것은 신속한 인력 재배치와 재교육이다. 이를 위해 고용 안정성과 노동 시장 유연성을 조화롭게 강화해야 한다. 특히 청년층이 신산업 분야에서 경쟁력을 갖출 수 있도록 교육과 훈련 체계를 대대적으로 혁신해야 한다.

마지막 과제는 규제 혁신과 사회적 수용성 제고다. 신산업과 신기술이 자유롭게 실험되고 성장할 수 있는 환경을 마련해야 한다. 규제는 안전과 공공성을 지키는 역할에 충실하되, 과도한 진입 장벽이나 기술 혁신의 발목을 잡는 걸림돌이 되어서는 안 된다. 동시에 새로운 기술과 산업에 대한 사회적 이해와 수용성을 높이는 노력도 병행해야 한다.

산업 경쟁력은 하루아침에 무너지는 것이 아니다. 하지만 대응을 늦추면, 무너진 후에는 되돌리기가 매우 어렵다. 지금은 과거의 성공을 되풀이하는 것이 아니라 새로운 성공의 공식을 만들어야 할 때다. 한국 경제가 다시 한번 세계를 놀라게 하기를 원한다면, 지금 이 순간 산업과 혁신의 대전환을 결단해야 한다.

08 중소기업 몰락과 자영업 구조 붕괴

경제의 뿌리가 흔들리고 있다

한국 경제의 탄탄한 내수 기반은 중소기업과 자영업이 오랜 시간 지탱해 왔다. 중소기업은 전체 고용의 약 80퍼센트를 책임졌고, 자영업은 서민 경제와 지역 경제의 생명줄 역할을 해 왔다. 대기업 위주로 보이는 한국 경제의 화려한 외형 속에도 실상은 중소기업과 자영업자들의 피와 땀이 흐르고 있었다.

그러나 지금, 이 기반이 급속히 흔들리고 있다. 중소기업은 경쟁력 약화와 경영 부담 증가로 고사 위기에 몰리고 있으며, 자영업은 구조적 한계와 초과 경쟁, 비용 상승의 삼중고에 짓눌려 붕괴 직전의 상황에 이르렀다.

특히 코로나19 팬데믹은 이들의 위기를 가속화시켰다. 일시적 영업 제한과 수요 급감이 문제가 아니었다. 오히려 팬데믹을 통해 드러난 것은 이미 심각하게 취약해진 구조 자체였다. 정부의 일시적 지원에도 불구하고, 중소기업과 자영업의 붕괴를 막지 못한 것은 그만큼 문제가 뿌리 깊다는 것을 의미한다. 이제 이 문제를 더는 개별 기업이나 개인의 생존 노력에 맡겨 둘 수 없다. 한국 경제 전체의 뿌리가 썩어 들어가고 있기 때문이다.

몰락을 부르는 구조적 병목

중소기업과 자영업이 몰락하고 있는 이유는 단순한 경기 부진 때문만은 아니다. 가장 근본적인 문제는 생산성 격차와 기술 격차다. 대기업과 중소기업 간 생산성 차이는 여전히 두 배 이상 벌어져 있으며, 연구 개발 투자 규모나 질에서도 비교가 되지 않는다. 기술 혁신 없이 대기업 납품망에 의존해 온 수많은 중소기업은 글로벌 시장 변화에 대응할 능력이 부족하다. 이로 인해 독자적 경쟁력을 갖추지 못하고 납품 가격 인하 압박에 시달리며 수익성이 악화되고 있다.

자영업 부문은 더욱 심각하다. 과잉 진입, 과당 경쟁, 낮은 진입 장벽이 맞물리면서 구조적 공급 과잉 상태가 고착됐다. 특히 생계형 자영업자 비중이 압도적으로 높은 현실은 소득 안정성 부족과 소비 침체로 이어진다. 디지털 전환, 플랫폼 경제 확산이라는 시대 흐름 속에서도 다수의 자영업자는 경쟁력을 갖추지 못하고 뒤처지고 있다. 여기에 최저 임금 인상, 임대료 부담 증가, 고용보험 가입 확대 등 비용 요인이 누적되면서 자영업 생태계는 급격히 악화됐다.

금융 접근성 문제도 심각하다. 중소기업과 자영업자는 대출이 필요할 때 고금리, 담보 요구 등 불리한 조건을 감수해야 한다. 특히 위기 상황에서 정책 금융 지원이 대기업 위주로 집중되는 현실은 중소기업과 자영업자의 생존 가능성을 더욱 약화시키고 있다.

생존을 위한 몸부림이 부른 악순환

중소기업과 자영업이 생존을 위해 벌이는 몸부림은 오히려 악순환을 강화하고 있다. 중소기업들은 단가 경쟁을 위해 품질 대신 가격을 낮추고, 인건비를 줄이기 위해 비정규직 고용을 확대한다. 기술 혁신이나 시장 다변화는 먼 이야기다. 이로 인해 대기업과의 종속 구조는 더욱 강화되고, 글로벌 경쟁에서는 점점 뒤처진다.

자영업자들은 가격 할인 경쟁에 나서고, 무리한 확장이나 대출에 의존하게 된다. 경쟁이 치열해질수록 수익성은 악화되고, 부채는 늘어난다. 결국 생존율은 떨어지고, 폐업률은 높아진다. 이 과정에서 상권 자체가 쇠퇴하고 지역 경제는 활력을 잃게 된다.

정부 정책도 이 악순환을 끊지 못했다. 일시적 금융 지원, 임대료 지원 같은 단기 처방은 위기를 잠시 지연시킬 뿐, 구조적 문제를 해결하지는 못했다. 근본적인 산업 구조 개혁과 경영 혁신을 유도하기보다는 생존 연장의 처방에 머물렀다. 그 결과, 위기는 더 깊어지고, 해결은 더 어려워졌다.

구조 혁신 없이는 회복도 없다

 지금 필요한 것은 단순한 지원이 아니다. 중소기업과 자영업의 구조적 혁신 없이는 회복도 없다. 최우선 과제는 기술 혁신 기반 강화다. 중소기업에 대한 R&D 지원을 확대하고, 기술 혁신형 중소기업을 선별적으로 육성해야 한다. 대기업과 중소기업 간 상생 협력 모델을 제도화하고, 중소기업의 글로벌 시장 진출을 체계적으로 지원해야 한다.
 자영업 분야에서는 공급 과잉 구조를 과감히 정리해야 한다. 단순 생계형 창업을 장려하는 것이 아니라 전문성, 차별성, 경쟁력을 갖춘 창업을 지원하는 방향으로 정책을 전환해야 한다. 지역 상권 재생과 로컬 브랜드 육성, 디지털 전환 지원 등을 통해 자영업의 질적 수준을 끌어올려야 한다.
 금융 접근성 개선도 절실하다. 기술력과 사업성 기반 대출을 확대하고, 부실 위험에 대한 체계적 관리와 함께 중소기업·자영업자 대상 정책 금융을 강화해야 한다. 특히 위기 상황에서 이들을 우선하여 지원하는 안전망을 마련해야 한다.
 무엇보다 중소기업과 자영업을 '보호해야 할 대상'이 아닌 '함께 성장해야 할 파트너'로 인식하는 시각 전환이 필요하다. 보호만으로는 생존할 수 없다. 혁신과 경쟁, 그리고 지원이 균형을 이루는 생태계를 구축해야 한다. 그래야만 한국 경제의 뿌리도 다시 튼튼해질 수 있다.

09 불신받는 정책, 불안한 경제 심리

정책 불신이 경제를 마비시키다

경제는 심리의 산물이다. 수치로 환산할 수 있는 투자, 소비, 고용의 이면에는 언제나 기대와 불안이라는 인간 심리가 작용한다. 그러나 지금 한국 경제는 기대보다 불안이 더 강력하게 지배하고 있다. 불안은 단순한 감정이 아니다. 그것은 실제 경제 활동을 위축시키고, 성장의 동력을 마비시킨다.

이 불안을 부추기는 핵심 요인 중 하나가 바로 '정책에 대한 불신'이다. 경제 주체들은 정부 정책의 일관성, 예측 가능성, 공정성에 깊은 의문을 품고 있다. 정책이 장기적 전략에 따라 추진되는 것이 아니라 단기 인기나 정치적 계산에 따라 오락가락하는 모습을 너무나 자주 목격해 왔기 때문이다. 이 같은 정책 불신은 투자 결정을 지연시키고, 소비를 위축시키며, 전체 경제에 만연한 불확실성을 키우는 요인이 되고 있다.

정책은 신뢰를 먹고 자란다. 시장과 기업, 가계가 정책을 신뢰할 때만이 경제는 성장할 수 있다. 그러나 신뢰를 잃은 정책은 아무리 좋은 취지로 포장해도 먹히지 않는다. 지금 한국 경제는 그 신뢰의 기반이 심각하게 약화된 상태다.

오락가락 정책이 부른 후유증

한국 경제 정책의 가장 큰 문제는 일관성 부족이다. 정권이 바뀔 때마다 경제 패러다임 자체가 뒤바뀌고, 같은 정권 내에서도 정치 상황에 따라 정책 방향이 수시로 흔들린다. 대표적으로 부동산 정책만 해도 그러하다. 수년간 규제 강화와 완화가 반복되면서 시장은 혼란에 빠졌고, 실수요자와 투자자 모두가 불확실성에 지쳤다. 결과적으로 집값은 오르락내리락을 반복했지만, 주거 불안은 더욱 심화됐다.

노동 시장 정책도 마찬가지다. 최저 임금 인상, 근로 시간 단축 등 노동 관련 정책은 취지와 목표는 있었지만, 경제 현장의 현실과 충분한 조율 없이 일방적으로 추진되면서 부작용을 낳았다. 소상공인과 중소기업은 인건비 부담에 시달렸고, 청년 일자리는 오히려 줄어드는 역설이 발생했다.

조세 정책, 금융 규제, 산업 육성 정책 등 모든 분야에서 마찬가지다. 정책이 충분한 사전 검토와 시장과의 소통 없이 추진되거나, 정치적 요구에 의해 갑작스럽게 방향을 바꿀 때 시장은 불확실성을 극도로 싫어한다. 결국 투자와 소비는 위축되고, 성장 동력은 사라진다.

불안 심리가 경제를 옥죄는 방식

정책에 대한 신뢰가 무너질 때, 경제 주체들은 미래를 긍정적으로 예상하기 어렵다. 기업은 투자를 주저하고, 가계는 지출을 줄인다. 특히 장기 투자와 고위험 투자는 극도로 위축된다. 미래를 예측할 수 없고, 규칙이 수시로 바뀌는 환경에서 누가 모험을 감수하겠는가.

이런 분위기 속에서는 기업들도 단기 이익에 집착하게 된다. 연구 개발 투자나 해외 시장 개척 같은 장기 전략보다 당장 수익을 확보하기 위한 단기적 영업에 집중한다. 이는 결국 국가 경제의 체질을 약화시키고, 미래 경쟁력을 갉아먹는다.

가계 역시 마찬가지다. 미래에 대한 불확실성이 커질수록 소비는 줄고, 저축만 늘어난다. 특히 청년층은 결혼, 출산, 주택 구매 같은 인생의 주요 결정들을 미루게 되고, 이는 다시 장기적인 내수 부진과 인구 문제를 심화시키는 악순환으로 이어진다.

정책 불신과 경제 심리 악화는 서로 맞물리며 한국 경제를 안으로부터 잠식시키고 있다. 이대로라면 경기 부양책을 아무리 동원해도 약발이 먹히지 않을 것이다. 신뢰 없는 정책은 경제를 살릴 수 없다.

신뢰를 회복하는 정책이 경제를 살린다

 이제 필요한 것은 새로운 부양책이나 자극책이 아니다. 한국 경제를 살리는 열쇠는 정책의 신뢰를 회복하는 데 있다.
 첫 번째로 필요한 것은 일관성이다. 정권이 바뀌더라도 경제 정책의 기본 방향과 원칙은 유지되어야 한다. 장기적 비전과 로드맵을 세우고, 이를 정권과 관계없이 추진하는 구조를 마련해야 한다.
 두 번째는 예측 가능성이다. 정책 변경이 불가피할 때는 사전에 충분히 예고하고, 시장과 소통해야 한다. 갑작스러운 규제 강화나 완화, 세금 제도 변경 등은 최소화하고, 필요한 경우에도 충분한 이행 기간과 시장 적응 시간을 부여해야 한다.
 세 번째는 공정성과 일관된 규칙 적용이다. 특정 계층이나 업종을 편들거나, 정치적 유불리에 따라 정책을 다르게 적용하는 것은 시장의 신뢰를 무너뜨린다. 모든 경제 주체가 예측 가능하고 공정한 룰 아래 경쟁하고 활동할 수 있어야 한다.
 마지막으로 필요한 것은 국민과의 진정성 있는 소통이다. 경제 정책은 국민의 삶과 직결되는 문제이기에, 정책 결정 과정과 취지를 솔직하게 설명하고, 국민의 신뢰를 얻어야 한다. 일방적인 지시가 아닌 함께 설계하는 정책만이 신뢰를 얻고 효과를 발휘할 수 있다.

경제는 심리다. 신뢰는 가장 강력한 성장 엔진이다. 불안한 심리를 걷어 내고 다시 기대를 심어 주는 것, 그것이 지금 한국 경제가 반드시 이뤄야 할 첫 번째 과제다.

10 국제 정세 격변과 한국 경제의 취약성

세계는 이미 새판을 짜고 있다

세계 경제 질서는 지금 거대한 전환기를 맞고 있다. 코로나19 팬데믹 이후 글로벌 공급망은 붕괴되었고, 각국은 자국 중심의 국내 복귀 생산reshoring을 가속화하고 있다. 여기에 미·중 전략 경쟁은 단순한 무역 분쟁을 넘어 기술, 안보, 금융 등 전방위적 패권 다툼으로 확산되고 있다. 미국은 반도체, 인공 지능, 배터리 같은 첨단 산업 분야에서 중국을 견제하기 위해 '칩4 동맹' 같은 경제 안보 협력체를 주도하고 있으며, 유럽 역시 전략 산업의 보호와 재편에 나서고 있다.

기후 변화 대응이라는 전 지구적 과제 또한 경제 질서를 재편하고 있다. 탄소 중립을 향한 압박은 산업 구조 자체를 바꾸고 있으며, 에너지 전환은 새로운 국제 경쟁의 장을 열고 있다. 디지털세와 글로벌 최저 법인세 추진 같은 새로운 글로벌 규범도 등장했다. 한마디로, 세계는 과거와는 전혀 다른 새로운 게임의 룰을 짜고 있는 중이다.

이 거대한 변화의 한복판에 한국 경제가 놓여 있다. 문제는 한국이 이 판 짜기에 적극적으로 참여하고 주도하기보다는, 외부 변화에 수동적으로 끌려가고 있다는 점이다. 빠르게 변하는 세계 속에서 전략 없는 대응은 곧 도태를 의미한다.

한국 경제의 구조적 취약성

국제 정세의 격변은 한국 경제의 구조적 취약성을 더욱 뚜렷하게 드러내고 있다.

첫째, 수출 의존도가 지나치게 높다. GDP 대비 수출 비중이 40퍼센트를 넘는 한국은 세계 경기 변화나 주요 교역국의 정책 변화에 과도하게 민감하다. 미·중 갈등, 보호 무역주의 확산, 글로벌 경기 둔화 같은 외부 변수에 직접적인 영향을 받는다.

둘째, 산업 구조가 편중되어 있다. 반도체, 자동차, 조선 등 소수의 주력 산업에 대한 의존도가 높아, 특정 산업이나 특정 시장의 충격이 경제 전체로 확산되기 쉽다. 특히 반도체 산업은 글로벌 공급망 재편과 기술 패권 경쟁의 중심에 있어 불확실성이 크다.

셋째, 에너지 의존도가 심각하다. 에너지 대부분을 수입에 의존하는 한국은 원자재 가격 변동, 글로벌 에너지 시장 불안정성에 극도로 취약하다. 특히 탄소 중립 전환 과정에서 에너지 구조를 바꾸지 못하면 국제 경쟁력에서 뒤처질 위험이 크다.

넷째, 외교·통상 전략의 일관성 부족이다. 미·중 사이에서 전략적 모호성을 유지하려는 외교 기조는 때때로 불확실성을 키우고, 주요 경제 파트너국과의 신뢰 구축에 한계를 드러낸다. 글로벌 공급망 재편, 신기술 동맹, 탄소 규범 대응 같은 분야에서도 주도적 역할보다는 뒤를 따르는 데 그치는 경우가 많다.

새로운 국제 경제 질서 속에서 기회를 잡으려면

세계 질서가 재편되는 시기는 위험과 기회가 공존하는 순간이다. 과거 한국은 세계화 흐름을 빠르게 읽고 개방과 수출을 통해 성장했다. 지금도 마찬가지다. 다만 과거처럼 무조건 개방과 추격 전략만으로는 버틸 수 없다. 전략적 선택과 차별화된 경쟁력이 요구되는 시대다.

첫 번째로, 공급망 다변화 전략을 서둘러야 한다. 특정 국가나 특정 지역에 대한 의존도를 줄이고, 아세안, 인도, 중남미 등 신흥 시장과의 경제 협력을 적극적으로 확대해야 한다. 글로벌 공급망 재편 흐름을 기회로 삼아 국내 산업 기반을 강화하는 것도 필요하다.

두 번째로, 전략 산업 육성과 첨단 기술 확보에 총력을 기울여야 한다. 반도체, 배터리, 인공 지능, 바이오, 헬스, 친환경 에너지 같은 미래 핵심 산업에서 기술 초격차를 확보하고, 글로벌 시장을 선도할 수 있는 경쟁력을 키워야 한다. 이를 위해 민관 공동의 대규모 투자와 지원이 절실하다.

세 번째로, 통상 외교 전략을 정교화해야 한다. 단순히 FTA 체결 숫자 늘리기에 머무를 것이 아니라 경제 안보를 고려한 통상 전략을 수립하고 디지털 통상, 탄소 국경 조정제 등 신통상 이슈에 선제적으로 대응해야 한다. 특히 미·중 양측과의 균형적 관계를 유지하되, 한국의 전략적 이익을 명확히 지키는 독자적 외교 노선을 구축해야 한다.

마지막으로, 에너지 전환과 탄소 중립 대응을 국가 전략 차원에서 본격화해야 한다. 재생 에너지, 수소 경제, 에너지 저장 기술 등 새로운 에너지 산업을 육성하고, 에너지 수입 의존도를 점진적으로 줄여야 한다. 이것이 에너지 안보를 강화하고, 동시에 국제 사회에서 지속 가능성 선도국으로 자리매김하는 길이다.

수동적 대응을 넘어서 전략 국가로

한국은 지금 세계 경제 질서 재편이라는 거대한 파도 앞에 서 있다. 문제는 이 파도를 피하려 할 것이 아니라 타고 넘어야 한다는 점이다. 수동적으로 끌려가는 국가가 아닌 능동적으로 새로운 질서를 설계하는 국가가 되어야 한다. 그것이 21세기 대한민국의 생존 전략이자 성장 전략이다.

이를 위해서는 먼저 세계를 바라보는 시야를 넓혀야 한다. 국내 정치에 매몰된 시야로는 세계 변화의 본질을 읽을 수 없다. 통상, 외교, 산업, 에너지, 기술 혁신을 포괄하는 통합적 국가 전략을 수립하고, 이를 일관되게 추진해야 한다. 단기적 인기보다 장기적 국가 이익을 우선시하는 리더십이 필요하다.

또한, 민간의 역동성을 끌어내야 한다. 기업들이 글로벌 무대에서 자유롭게 뛰어놀 수 있도록 지원하고, 세계 최고 수준의 인재들이 한국을 선택하도록 만들어야 한다. 정부는 규제 기관이 아니라 촉진자, 지원자로서 역할을 재정립해야 한다.

지금은 새로운 도약의 기회이자, 잘못 대응하면 침몰할 수 있는 위기의 순간이다. 국제 정세의 격변은 피할 수 없는 현실이다. 한국 경제가 이 거대한 변화의 소용돌이 속에서 다시 한번 도약하려면, 지금 이 순간부터 전략을 바꿔야 한다.

제2부

구조를 바꿔야 산다
- 경제 체질 혁신

양적 성장 중심 패러다임을 넘어 질적 성장으로 전환하고, 추격형 산업 구조를 선도형으로 바꾸어야 한다. 노동 시장 유연성과 안정성을 조화시키고, 생산성 혁신과 디지털 전환을 가속해야 한다. 세제 개혁, 규제 혁신, 신뢰받는 통계 체계 구축이 필수다. 정부는 관리 행정이 아닌 전략적 거버넌스로 전환하여 민간 활력을 극대화해야 한다.

01 성장 패러다임 전환
   – 양에서 질로

숫자 성장의 한계를 직시할 때

오랫동안 한국 경제는 성장률이라는 숫자에 집착해 왔다. 매해 GDP 성장률이 몇 퍼센트였는지가 경제 성적표처럼 평가됐고, 정부 정책의 목표 역시 '몇 퍼센트 성장'이라는 숫자로 환원되곤 했다. 이 숫자 중심의 사고방식은 고도성장기에는 유효했다. 압축 성장과 산업화가 필요했던 시대에는 양적 확장이 경제력과 국가 위상의 상징이었다.

그러나 이제는 시대가 바뀌었다. 한국은 이미 1인당 국민 소득 3만 달러를 넘어선 고소득 국가다. 경제 규모도 세계 10위권에 올라섰다. 더는 성장률 숫자 몇 퍼센트에 일희일비할 단계가 아니다. 그럼에도 여전히 '성장률 지상주의'에 머무르는 한, 경제 정책은 단기 성과에 매몰되고, 구조적 문제를 외면하는 경향이 계속될 수밖에 없다.

특히 저출산, 고령화, 생산 가능 인구 감소라는 구조적 제약 속에서 과거처럼 고성장을 달성하기는 불가능에 가깝다. 성장률 3퍼센트를 목표로 한다면, 그 방법은 이제 과거처럼 노동과 자본 투입을 늘리는 방식이 아니라 질적 전환을 통해 생산성을 혁신하는 방법이어야 한다. 숫자 성장의 한계를 직시하고, 새로운 성장의 본질을 고민해야 할 때다.

생산성 향상이 진짜 성장이다

질적 성장으로 전환하기 위해 가장 중요한 것은 생산성 향상이다. 노동자 한 명이 더 많은 가치를 창출하고, 같은 자본으로 더 높은 부가 가치를 만들어 낼 때, 비로소 경제는 진정으로 성장할 수 있다. 이는 단순히 기술 개발만을 의미하는 것이 아니다. 경영 혁신, 노동 시장 유연성, 교육 시스템 개선, 산업 구조 고도화, 디지털 전환 등 경제 전반의 체질 개선이 필요하다.

특히 서비스 산업의 생산성 향상은 절실하다. 현재 한국의 서비스업 생산성은 제조업 대비 크게 뒤처져 있으며, 선진국 평균에도 못 미친다. 고부가 가치 서비스업을 육성하고, 금융, 의료, 교육, 문화 등 다양한 분야에서 혁신을 촉진해야 전체 경제의 생산성도 끌어올릴 수 있다.

노동 시장 측면에서도 단순히 고용 숫자를 늘리는 것이 아니라 노동의 질을 높이고, 노동력의 이동성과 유연성을 확보하는 것이 필요하다. 청년, 여성, 고령층의 경제 활동 참여를 높이는 것도 중요하지만, 이들이 창의적이고 생산적인 역할을 할 수 있도록 교육과 직업 훈련 체계를 근본적으로 개편해야 한다. 생산성 혁신은 선택이 아니라 생존의 문제다. 이를 외면하면 저성장 함정에서 빠져나올 수 없다.

양적 성장의 부작용을 넘어야 한다

양적 성장 중심 정책은 다양한 부작용을 낳았다.

첫째, 부채의 급증이다. 성장률을 높이기 위해 부채를 늘리는 방식은 일시적 성장률 상승에는 기여할 수 있지만, 장기적으로는 경제의 기반을 약화시킨다. 가계 부채, 기업 부채, 정부 부채가 모두 사상 최대 수준으로 불어난 지금, 더 이상의 부채 기반 성장은 위험하다.

둘째, 불평등 심화다. 양적 성장 과정에서 소득과 자산의 양극화가 심화됐다. 성장은 특정 산업과 특정 계층에 집중됐고, 대다수 국민은 성장의 열매를 충분히 나누지 못했다. 이로 인해 내수 시장은 약화되고, 사회 통합은 위협받고 있다.

셋째, 환경 파괴다. 산업화와 도시화 과정에서 자연환경은 심각하게 훼손됐고, 기후 변화 대응에서도 후진국 수준에 머물렀다. 지속 가능한 성장을 위해서는 에너지 전환, 탄소 중립, 순환 경제 체제로의 전환이 필수적이다.

넷째, 혁신 문화다. 단기 실적에 매몰된 경제 시스템은 장기적 혁신 투자를 소홀히 하게 만든다. R&D 투자 비율은 높지만, 질적 성과는 부족하고, 진정한 파괴적 혁신은 드물다. 이 같은 양적 성장의 부작용을 청산하지 않으면, 한국 경제는 성장할수록 더 깊은 함정에 빠질 것이다.

질적 성장, 지속 가능한 번영의 길

지금 한국 경제가 가야 할 길은 분명하다. 양적 성장의 관성을 끊고, 질적 성장으로 전환해야 한다. 이를 위해 몇 가지 전략적 방향이 필요하다.

첫째, 혁신 기반 경제로의 전환이다. 첨단 기술, 창의 산업, 고부가 가치 서비스업을 중심으로 새로운 성장 동력을 확보해야 한다. 민간의 창의성과 모험 정신을 최대한 끌어내는 환경 조성이 필수적이다.

둘째, 포용적 성장이다. 성장의 열매를 사회 전체가 함께 나눌 수 있도록 소득 재분배와 사회 안전망을 강화해야 한다. 특히 교육과 복지, 노동 시장에서의 기회 평등을 보장해 계층 이동 사다리를 복원해야 한다.

셋째, 녹색 성장이다. 기후 변화 대응을 경제 성장의 제약이 아니라 새로운 기회로 삼아야 한다. 친환경 에너지, 탄소 감축 기술, 순환 경제 모델을 선도해 세계 시장을 선점하는 전략이 필요하다.

넷째, 정책 신뢰 회복이다. 일관성 있고 예측 가능한 정책을 통해 경제 주체들의 미래에 대한 확신을 높이고, 투자와 소비를 촉진해야 한다. 정치적 단기 이익이 아닌 국가의 장기적 이익을 최우선에 두는 정책 철학이 절실하다.

질적 성장은 단순한 구호가 아니다. 그것은 경제 체질을 바꾸고, 사회를 지속 가능하게 하며, 미래 세대에게 희망을 연결하는 일이다. 한국 경제가 다시 도약하려면, 이제 성장의 방식을 근본부터 바꿔야 한다. 양이 아니라 질, 단기 성과가 아니라 지속 가능성, 좁은 성장률이 아니라 넓은 국민 삶의 질을 바라보는 경제로의 대전환이 절박하다.

02 산업 구조 전환
– 추격형에서 선도형으로

추격형 성장의 한계에 봉착하다

한국 경제는 지난 수십 년 동안 '추격형 성장' 모델을 통해 세계적 성공을 거두었다. 선진국이 먼저 개척한 산업과 기술을 신속하게 도입하고, 이를 기반으로 수출을 확대하면서 빠른 경제 성장을 이루어 낸 것이다. 반도체, 자동차, 조선, 가전 등 주요 산업이 바로 그 결실이었다. 정부의 전략적 산업 육성과 대기업 중심 성장 전략은 추격형 모델을 정교하게 완성시켰다.

그러나 이 성공 모델은 이미 한계에 이르렀다. 세계 시장은 포화되고, 기술은 초격차 시대에 접어들었으며, 신흥국들의 추격은 갈수록 거세지고 있다. 과거처럼 선진국을 따라가는 전략만으로는 더는 경쟁 우위를 확보할 수 없다. 오히려 한국이 과거의 중국처럼 선진국에 의해 추격당하는 처지가 될 위험성마저 커지고 있다.

특히 디지털 전환, 인공 지능, 바이오 혁신, 친환경 전환 같은 신산업 분야에서는 '추격'이 아니라 '선도'가 요구된다. 누구보다 먼저 시장을 열고, 기준을 만들고, 생태계를 주도하는 국가만이 글로벌 경쟁에서 살아남을 수 있다. 한국 경제는 이제 추격자의 사고방식을 버리고, 선도 국가 전략으로 대전환해야 한다.

산업 구조의 경직성과 편중

산업 구조의 경직성은 한국 경제가 선도형 경제로 전환하는 데 가장 큰 장애물이다. 제조업 비중이 여전히 높고, 그 안에서도 반도체, 자동차, 조선 등 소수 주력 산업에 대한 의존도가 과도하다. 반도체 산업 하나에 대한 수출 의존도가 전체 수출의 약 20퍼센트에 달하는 현실은 경제 전반을 외부 충격에 취약하게 만든다.

또한 기존 산업은 디지털화, 친환경화, 고부가 가치화에 충분히 대응하지 못하고 있다. 전통 제조업은 생산성 증가율이 둔화됐고, 서비스업은 선진국 수준에 크게 미치지 못한다. 금융, 교육, 의료, 콘텐츠 산업 등 미래 성장 가능성이 큰 분야에서도 산업화와 글로벌화를 충분히 이끌어 내지 못했다.

더구나 중소기업과 스타트업의 성장 기반도 취약하다. 대기업 중심 구조가 여전히 공고하며, 혁신이 필요한 영역에서는 과도한 규제와 제도적 장애물이 존재한다. 신산업을 키우기 위한 규제 샌드박스, 데이터 개방, 기술 이전 등의 조치가 제때 뒷받침되지 않는 한 산업 전환은 구호에 그칠 수밖에 없다.

선도형 경제로 가기 위한 조건들

선도형 경제로 전환하기 위해서는 몇 가지 필수 조건이 있다.

첫째, 신산업 육성이다. 인공 지능, 빅 데이터, 바이오, 헬스, 친환경 에너지, 우주 산업 등 미래를 주도할 산업 분야에 과감한 투자와 제도적 지원을 집중해야 한다. 정부는 방향을 제시하되, 시장이 자율적으로 혁신하도록 뒷받침해야 한다.

둘째, 산업 간 융합과 연계 촉진이다. 이제 단일 산업 경쟁력이 아닌 다양한 산업 간 융합을 통한 혁신이 핵심이다. 제조업과 정보 통신 기술ICT: information and communication technology, 바이오와 빅 데이터, 에너지와 인공 지능이 융합되는 새로운 가치 창출 모델을 적극적으로 발굴하고 육성해야 한다.

셋째, 글로벌 시장 선점을 위한 전략적 움직임이 필요하다. 단순히 수출을 늘리는 데 그치는 것이 아니라 글로벌 스탠더드를 선도하고, 새로운 시장을 창출하는 국가 전략이 요구된다. 이를 위해 글로벌 기술 네트워크에 적극적으로 참여하고, 해외 스타트업과 혁신 기업과의 협력을 확대해야 한다.

넷째, 인재 혁신이다. 선도형 경제를 뒷받침할 핵심은 결국 사람이다. 대학 교육, 직업 훈련, 평생 교육 체계를 혁신해 디지털 역량, 창의력, 융합 능력을 갖춘 인재를 길러 내야 한다. 지금의 수동적 교육 시스템으로는 선도 국가 시대를 뒷받침할 수 없다.

산업 전환, 더는 미룰 수 없다

산업 구조 전환은 선택이 아니라 생존의 문제다. 기존 주력 산업이 언제까지나 세계 시장을 장악할 수 있을 것이라는 기대는 위험하다. 글로벌 기술 패권 경쟁은 국가 운명을 좌우할 만큼 치열해졌고, 새로운 산업을 선점하는 국가만이 미래의 부를 차지할 수 있다.

한국은 이미 충분한 기반을 갖추고 있다. 세계 최고 수준의 인터넷 인프라, 우수한 인재 풀, 강력한 제조업 기반, 빠른 디지털 수용성 등은 산업 전환의 강력한 자산이다. 문제는 이 자산을 어떻게 전략적으로 활용하고, 얼마나 빠르게 구조를 바꿀 수 있느냐에 달려 있다.

이를 위해서는 정부, 기업, 학계, 시민 사회가 공동의 비전과 목표를 공유하고, 단기 성과에 매몰되지 않고 긴 호흡으로 산업 정책을 추진해야 한다. 규제 혁신, 투자 촉진, 인재 양성, 시장 창출 등 모든 수단을 총동원하는 국가적 프로젝트가 필요하다.

산업 구조 전환은 결코 쉬운 일이 아니다. 많은 이해관계 조정과 단기적 고통이 수반될 것이다. 그러나 이를 두려워하고 미루는 순간, 한국 경제는 도태될 수밖에 없다. 지금이 마지막 기회다. 추격형 성장의 영광을 넘어, 선도형 경제로 도약하는 길을 선택해야 한다. 그것이 한국 경제의 지속 가능한 미래를 여는 길이다.

03 노동 시장 유연성과 고용 안정성의 조화

경직된 노동 시장이 경제를 가로막다

한국 경제의 성장 한계가 곳곳에서 드러나는 가운데, 노동 시장의 경직성은 가장 뼈아픈 제약 요인 중 하나로 꼽힌다. 과거 고도성장기에는 정규직 중심의 안정적 고용이 경제 발전을 견인하는 역할을 했다. 그러나 세계 경제 환경이 급변하고, 산업 구조가 빠르게 바뀌는 오늘날, 과거의 고용 시스템은 오히려 기업의 발목을 잡고 있다.

해고가 사실상 불가능에 가까운 경직된 정규직 보호 체계는 기업의 인력 구조 조정을 어렵게 만든다. 신산업에 맞는 인재를 새로 채용하거나, 급격한 시장 변화에 대응하는 데 필요한 인력 재배치를 하는 데 큰 걸림돌이 된다. 그 결과 기업은 정규직 채용에 소극적이 되고, 비정규직이나 플랫폼 노동에 의존하는 구조가 강화된다.

이러한 노동 시장 경직성은 청년층 일자리 문제도 심화시키고 있다. 기업은 정규직 신규 채용에 신중해지고, 기존 인력 구조를 유지하려다 보니 청년들이 노동 시장에 진입할 기회를 얻기 어려워진다. 고용의 문은 좁아지고, 사회 전반의 역동성은 약화된다. 결국, 경직된 노동 시장은 기업의 경쟁력 약화와 경제 활력 저하로 이어지는 악순환을 만든다.

고용 불안의 그림자

그러나 노동 시장 유연성 강화가 무조건 긍정적인 것만은 아니다. 지나친 유연성 추구는 고용 불안이라는 또 다른 심각한 문제를 낳는다. 특히 비정규직, 계약직, 플랫폼 노동자 등 비정형 고용이 확산되면서 많은 노동자는 생계 안정성을 잃고 있다. 고용의 유연성은 확대됐지만, 삶의 불안정성도 함께 커진 것이다.

비정규직 노동자들은 낮은 임금, 불안정한 근로 조건, 제한된 복지 혜택 등 이중의 차별에 직면해 있다. 특히 경제 위기 시기에 이들은 가장 먼저 해고되고, 가장 늦게 복귀한다. 고용보험, 산재보험 등 기본적인 사회 보장 제도에서조차 배제되는 경우가 많아 경제적 충격에 대한 회복 탄력성도 매우 약하다.

청년층 역시 고용 불안정의 직격탄을 맞고 있다. 첫 직장이 비정규직이나 단기 계약직인 경우가 많고, 경력 개발이나 소득 안정성이 확보되지 않아 장기적 커리어 설계가 어렵다. 이런 상황은 소비 위축, 저출산, 사회적 불안정으로 이어진다. 고용 유연성만 강조하고 고용 안정성을 소홀히 할 경우, 결국 사회 전체의 불안정성을 키우는 결과를 초래할 수 있다.

유연성과 안정성, 어떻게 조화를 이룰 것인가

진정한 해법은 노동 시장 유연성과 고용 안정성의 조화로운 결합에 있다. 이는 단순히 어느 한쪽을 포기하거나 강조하는 것이 아니라 둘 사이의 균형을 섬세하게 설계하는 문제다.

첫째, 해고의 합리화를 추진하는 동시에, 이직과 재취업을 지원하는 시스템을 강화해야 한다. 성과와 능력에 따라 합리적으로 인력을 조정할 수 있는 제도를 마련하되, 해고된 노동자가 빠르게 재취업할 수 있도록 직업 훈련, 전직 지원 프로그램을 강화해야 한다. 고용 안정성은 직장에만 의존하는 것이 아니라 시장 전체에서의 이동성을 통해 확보해야 한다.

둘째, 비정규직의 남용을 막고, 비정형 고용 노동자의 권익을 보호하는 제도를 구축해야 한다. 동일 노동 동일 임금 원칙을 확립하고, 플랫폼 노동자, 프리랜서 등 새로운 고용 형태에 맞는 사회보험 가입을 의무화해야 한다. 고용 형태가 어떠하든 최소한의 사회적 안전망은 보장돼야 한다.

셋째, 기업과 노동자 모두에게 유연성과 안정성의 이점을 제공하는 '유연 안정성flexicurity' 모델을 도입해야 한다. 덴마크, 네덜란드 등 유럽 국가들이 채택한 이 모델은 고용 조정의 자유로움과 강력한 사회 보장을 결합해, 경제의 역동성과 사회적 안정성을 동시에 추구하는 방향을 보여 준다.

넷째, 청년 고용에 특화된 전략을 마련해야 한다. 인턴십, 수습 기간 같은 제도를 활성화하되, 단순한 저임금 착취 수단이 아니라 실질적인 경력 형성의 기회를 제공하는 방향으로 설계해야 한다. 청년층이 노동 시장에 부드럽게 진입하고, 장기적으로 경력 경로를 확립할 수 있도록 적극적으로 지원해야 한다.

새로운 노동 시장, 지속 가능한 성장의 열쇠

노동 시장은 경제의 거울이다. 노동 시장의 유연성과 안정성은 기업 혁신의 속도, 사회 통합의 수준, 경제 성장의 지속 가능성을 좌우한다. 지금 한국은 과거 산업화 시대에 구축된 노동 시장 시스템을 21세기형으로 재설계해야 하는 중대한 전환점에 서 있다.

노동 시장의 개혁은 단순히 법과 제도를 고치는 것이 아니다. 노동에 대한 사회적 인식, 고용에 대한 문화적 기대, 일과 삶의 균형에 대한 철학을 함께 바꿔야 한다. 노동은 보호받아야 하지만, 경제 변화에 대응할 수 있는 유연성도 필요하다. 기업은 책임 있는 고용주가 되어야 하고, 정부는 촘촘한 사회 안전망을 제공해야 하며, 노동자 역시 끊임없이 역량을 개발할 수 있어야 한다.

고용 안정성만 강조하면 경제는 경직된다. 노동 시장 유연성만 강조하면 사회는 불안정해진다. 둘 사이의 균형을 맞출 때, 비로소 한국 경제는 지속 가능한 성장의 기반을 마련할 수 있다. 지금 필요한 것은 어느 한쪽의 목소리를 일방적으로 따르는 것이 아닌 모두를 위한 조화로운 길을 모색하는 지혜다.

04 생산성 혁신, 디지털 전환이 관건이다

멈춰 선 생산성, 한국 경제를 가로막다

한국 경제의 눈부신 성장 이면에는 생산성 향상이라는 숨은 동력이 있었다. 제조업 중심의 산업화 과정에서 노동과 자본의 효율성을 극대화하며 경제 규모를 빠르게 키워 왔다. 그러나 이제 상황은 달라졌다. 제조업 생산성은 정체 상태에 머물러 있고, 서비스업은 여전히 선진국 수준에 한참 못 미치고 있다. 산업 구조가 고도화되었음에도 생산성 혁신은 따라가지 못하는 이중 부조화가 심화되고 있다.

특히 노동 생산성 지표를 살펴보면, 한국은 OECD 평균에 미치지 못하고 있으며, 일부 선진국과 비교하면 절반에도 못 미치는 수준이다. 이는 단순히 통계상의 문제가 아니라 경제 전반의 성장 잠재력을 잠식하고 있다는 의미다. 더 많은 시간과 더 많은 자원을 투입해도 과거만큼의 성과를 내지 못하는 경제는 결코 지속 가능하지 않다.

생산성 정체는 중소기업과 서비스업 부문에서 특히 심각하게 나타나고 있다. 대기업과 중소기업 간 생산성 격차, 제조업과 서비스업 간 격차는 해소되지 않고 있다. 경제 전반의 비효율성이 누적되면서 성장률은 둔화되고, 고용 창출 능력도 약화되고 있다. 결국, 한국 경제가 다시 도약하기 위해서는 무엇보다 생산성 혁신이 필수적이다.

디지털 전환이 경제 생존을 좌우한다

21세기 경제의 핵심 동력은 디지털 전환이다. 인공 지능AI, 빅 데이터, 클라우드, 사물 인터넷IoT, 블록체인 같은 신기술은 산업 구조를 근본부터 뒤흔들고 있다. 전통 제조업도, 금융업도, 유통업도 디지털화를 거부하거나 늦춘다면 시장에서 살아남을 수 없다. 디지털 전환은 더 이상 선택이 아니라 생존의 문제다.

한국은 세계 최고 수준의 인터넷 인프라와 IT 활용도를 갖추고 있음에도 산업 전반의 디지털 전환 속도는 기대에 미치지 못하고 있다. 일부 대기업은 스마트 공장, 디지털 플랫폼 구축 등에 적극적으로 나서고 있지만 대다수 중소기업은 디지털 역량 부족과 투자 여력 부족으로 뒤처지고 있다. 공공 부문 역시 디지털 행정, 데이터 개방, 스마트 서비스 구현에서 선진국과 비교해 뒤떨어진 모습을 보이고 있다.

특히 데이터 활용 역량은 매우 중요한 경쟁력 요소가 되고 있다. 데이터는 새로운 원유라고 불릴 정도로 경제 전반의 혁신을 좌우하는 핵심 자원이 되었다. 그러나 한국은 개인 정보 보호 규제와 분절된 데이터 인프라로 인해 데이터 경제 활성화에 한계가 있다. 디지털 전환을 통한 생산성 혁신 없이는 한국 경제는 글로벌 경쟁에서 점점 밀려날 수밖에 없다.

생산성 혁신을 가로막는 장애물들

생산성 혁신을 위해서는 디지털 전환 외에도 넘어야 할 장애물들이 많다.

첫째는 경직된 조직 문화다. 수직적이고 권위적인 조직 문화는 창의성과 협업을 저해하며, 새로운 기술과 아이디어의 도입을 어렵게 만든다. 디지털 전환은 단순한 기술 교체가 아니라 일하는 방식과 조직 문화를 근본적으로 바꾸는 과정이어야 한다.

둘째는 규제 장벽이다. 새로운 비즈니스 모델과 기술은 기존 법 제도와 충돌하는 경우가 많다. 데이터 활용, 원격 의료, 핀테크, 모빌리티 등 다양한 분야에서 과거 산업 시대에 만들어진 규제가 혁신을 가로막고 있다. 규제는 안전과 공공성을 지키는 역할을 하되 혁신을 저해하지 않는 방향으로 유연하게 재설계되어야 한다.

셋째는 인재 부족이다. 디지털 전환을 이끌어 갈 데이터 과학자,

AI 전문가, 사이버 보안 전문가 등 고급 인재가 절대적으로 부족하다. 교육 시스템이 여전히 과거 산업화 시대의 틀에 묶여 있어 디지털 시대에 필요한 역량을 갖춘 인재를 충분히 양성하지 못하고 있다. 이로 인해 기업들은 글로벌 인재 전쟁에서 점점 밀리고 있다.

넷째는 중소기업과 지역 간 격차다. 디지털 전환의 혜택은 일부 대기업과 수도권에 집중되고 있으며, 다수 중소기업과 지방은 여전히 디지털 사각지대에 머물러 있다. 이 격차를 방치하면 경제 양극화가 심화되고 전체 경제의 디지털 전환 속도도 느려질 수밖에 없다.

디지털 혁신 국가로 가는 길

한국 경제가 다시 한번 도약하려면 생산성 혁신과 디지털 전환을 국가 전략 차원에서 본격 추진해야 한다.

첫째, 전 산업에 걸쳐 디지털 인프라를 대폭 확충해야 한다. 5G, 6G 네트워크, 클라우드 컴퓨팅, 데이터 센터 구축을 가속화하고, 이를 바탕으로 스마트 제조, 스마트 금융, 스마트 농업, 스마트 도시를 실현해야 한다.

둘째, 데이터 경제 활성화를 위해 개인 정보 보호와 데이터 활용 간 균형을 재설계해야 한다. 안전하게 데이터가 활용될 수 있는 규제 샌드박스를 확대하고, 공공 데이터 개방을 통해 민간 혁신을 촉진해야 한다.

셋째, 디지털 인재 양성에 국가적 역량을 집중해야 한다. 초중등 교육 단계부터 코딩, 데이터 리터러시data literacy, 창의적 문제 해결 능력 함양을 강화하고, 대학과 직업 교육 체계도 디지털 역량 중심으로 혁신해야 한다. 해외 인재 유치와 글로벌 협력도 적극적으로 추진해야 한다.

넷째, 중소기업과 지역의 디지털 전환을 집중적으로 지원해야 한다. 디지털 장비 보급, 맞춤형 컨설팅, 금융 지원 등을 통해 중소기업이 디지털 경쟁력을 확보할 수 있도록 돕고, 지방에도 디지털 클러스터를 조성해 지역 균형 발전을 도모해야 한다.

디지털 전환은 단순한 기술 문제가 아니라 경제 체질을 바꾸고 미래를 여는 핵심 전략이다. 생산성 혁신 없이 성장도, 고용도, 복지도 지속될 수 없다. 한국 경제는 지금, 산업화 시대의 영광에 안주할 것이 아니라 디지털 혁신 국가로 다시 태어나야 한다. 그것이 지속 가능한 번영을 위한 유일한 길이다.

05 지역 균형 발전, 수도권 과밀을 넘어서

한계에 다다른 수도권 일극 체제

 한국 경제를 이끌어 온 중심은 오랫동안 수도권이었다. 서울과 수도권은 인구, 산업, 교육, 문화의 압도적 중심지로 성장해 왔다. GDP의 절반 이상이 수도권에서 발생하고, 대학, 기업 본사, 연구 기관, 의료 시설 등 주요 자원이 수도권에 집중되어 있는 구조는 한국 경제의 성장과 발전을 견인하는 동력이었다.
 그러나 이제 이 구조는 한계에 봉착했다. 수도권 과밀로 인해 주거비는 천정부지로 치솟았고 교통 체증, 환경 오염, 주거 불안정, 삶의 질 하락 등 부작용이 심각해졌다. 서울의 부동산 문제는 단순한 지역 문제가 아니다. 국가 경제 전체의 왜곡을 초래하고 있다. 한편 지방은 인구 감소, 고령화, 산업 공동화라는 삼중고에 시달리고 있다. 수도권에 모든 것이 몰리면서 지방은 점점 더 소멸 위기에 빠지고, 한국 경제는 구조적 불균형을 안게 되었다.
 수도권 일극 체제는 지속 가능한 발전 모델이 아니다. 수도권이 스스로 무너지는 순간 한국 경제 전체가 흔들릴 수 있다. 지금이 야말로 수도권 과밀을 넘어서고, 진정한 지역 균형 발전을 위한 대전환이 필요한 때다.

지역 불균형이 초래하는 경제적 비용

지역 불균형은 단순한 인구 문제나 감정적 논쟁을 넘어 경제 전반에 심각한 부담을 초래하고 있다.

첫째, 국가 생산성이 저하된다. 수도권 집중은 지대 추구적 행태를 강화하고, 부동산 가격 상승과 높은 생활비로 인해 생산성과 창의성이 저하된다. 반면 지방은 인재와 자본이 빠져나가면서 경제 기반이 붕괴된다.

둘째, 인구 문제를 악화시킨다. 청년층은 교육과 취업 기회를 찾아 수도권으로 몰려들고, 지방은 출산율 저하와 고령화 심화라는 이중 위기에 직면한다. 지방의 소멸은 곧 국가의 성장 잠재력 감소로 이어진다.

셋째, 사회 통합을 위협한다. 지역 간 소득과 삶의 질 격차는 국민 통합을 저해하고, 정치적 갈등과 사회적 분열을 초래한다. 지역 불균형은 결국 사회적 비용을 높이고, 경제적 효율성마저 저하시키는 악순환을 부른다.

넷째, 위기 대응 능력을 약화시킨다. 수도권에 모든 기능이 집중되어 있을 경우, 자연재해나 팬데믹 같은 대규모 위기 발생 시 국가 전체가 마비될 위험이 커진다. 분산형 국토 구조는 경제적 효율뿐만 아니라 국가 안보 차원에서도 필수적이다.

지역 균형 발전을 위한 전략적 전환

지역 균형 발전은 단순히 지방을 지원하는 문제가 아니다. 국가 전체의 지속 가능한 성장을 위해 필수적인 전략이다. 이를 위해 몇 가지 전환이 필요하다.

첫째, 핵심 기능의 분산이다. 기업 본사, 연구 기관, 정부 기관, 대학 등을 수도권 밖으로 이전하거나 분산 배치하는 정책을 과감히 추진해야 한다. 단순한 행정 기관 이전이 아닌 고급 일자리와 혁신 역량을 함께 옮기는 전략적 분산이 필요하다.

둘째, 지역별 특화 전략 수립이다. 모든 지역을 똑같이 발전시키려는 균등주의적 접근을 버리고, 각 지역의 비교 우위에 기반한 차별화 전략을 세워야 한다. 농업, 관광, 바이오, 에너지, 문화 산업 등 지역 특성에 맞는 성장 동력을 육성하고, 이를 지원하는 맞춤형 인프라를 구축해야 한다.

셋째, 교통·물류 인프라 혁신이다. 수도권과 지방, 지방 간 연결성을 대폭 강화해 사람과 물자의 흐름을 원활하게 해야 한다. 고속철도, 고속도로, 항만, 공항 등 전국적 네트워크를 촘촘히 연결하고, 디지털 인프라도 지방까지 확산해야 한다.

넷째, 지방 정주 여건 개선이다. 주거, 교육, 의료, 문화 인프라를 지방에서도 수도권 수준으로 끌어올려야 한다. 지방에 살아도 삶의 질에서 차별을 느끼지 않도록 만드는 것이 지역 균형 발전의 핵심이다.

국가 미래를 위해 지방을 살려야 한다

지방을 살리는 것은 지방만을 위한 일이 아니다. 수도권 과밀이라는 모래 위의 경제를 넘어, 균형 잡힌 국토 구조를 통해 지속 가능한 성장을 이루려는 국가 전체의 과제다. 인구 절벽과 성장 둔화, 사회적 분열이라는 위기를 극복하기 위해서는 지역 균형 발전이 필수적이다.

이를 위해서는 단순한 예산 지원을 넘어 구조적이고 지속 가능한 지역 발전 시스템을 구축해야 한다. 지역 스스로 성장할 수 있도록 자율성과 책임을 부여하고, 중앙 정부는 지원과 조정 역할에 집중해야 한다. 또한 지역 혁신 거점 도시를 육성하고, 청년층이 지방에서도 꿈을 꾸고 미래를 설계할 수 있는 환경을 만들어야 한다.

한국 경제의 다음 성장 단계는 더 이상 수도권의 확장이 아니라 전국이 함께 성장하는 모델이어야 한다. 지방이 살아야 나라가 산다. 지역 균형 발전은 단순한 정책 선택이 아닌 한국 경제의 운명을 가르는 전략적 선택이다.

06 인재 정책, 교육 개혁 없이는 답 없다

인재가 미래를 결정한다

21세기 경제는 자원이나 자본보다 '사람'이 결정한다. 창의력과 혁신 역량을 가진 인재가 경제 성장의 가장 중요한 동력이 된 시대다. 과거 산업화 시기에는 공장을 짓고, 설비를 늘리고, 인력을 대규모로 투입하면 성장할 수 있었다. 그러나 디지털 전환, 인공 지능, 바이오 혁신, 친환경 에너지 같은 신산업 시대에는 창의적 문제 해결 능력과 융합적 사고력을 갖춘 인재 없이는 아무리 많은 자본을 투입해도 성공할 수 없다.

한국은 교육열과 인적 자원 수준에서 세계적으로 높은 평가를 받아 왔다. 그러나 지금의 인재 양성 시스템은 빠르게 변하는 세계 흐름을 따라가지 못하고 있다. 수능과 내신, 스펙 중심의 경쟁 구도는 여전히 과거형 산업 사회의 요구에 맞춰져 있다. 학생들은 창의적 사고보다 정답을 찾는 훈련에 매달리고, 대학은 변화하는 산업 수요에 대응하지 못한 채 이론 중심 교육에 머무르고 있다.

한국 경제가 새로운 성장 동력을 확보하고 글로벌 경쟁에서 살아남으려면 인재 양성과 교육 시스템의 근본적 혁신이 불가피하다. 인재를 키우지 못하면 산업 구조 전환도, 디지털 혁신도, 지역 균형 발전도 모두 공허한 구호에 그치고 말 것이다.

현재 교육 시스템의 구조적 문제

지금 한국의 교육 시스템은 몇 가지 구조적 문제를 안고 있다.

첫 번째는 과잉 경쟁과 표준화다. 입시 경쟁에 모든 에너지가 집중되면서 학생들은 다양한 가능성을 탐색할 기회를 잃는다. 창의력, 협업 능력, 문제 해결 능력 같은 미래형 역량은 등한시되고, 정해진 문제의 정답을 빨리 찾아내는 능력만 강조된다.

두 번째는 대학 중심 교육의 경직성이다. 대학 교육은 여전히 전통적 전공 체계에 묶여 있으며, 빠르게 변하는 산업 수요에 즉각 대응하지 못하고 있다. AI, 데이터 사이언스, 바이오테크 같은 신산업 분야에 대한 전문 교육은 턱없이 부족하다. 대학 졸업장이 곧바로 직업 역량을 보장하지 못하는 상황이 갈수록 심화되고 있다.

세 번째는 직업 교육과 평생 교육의 미비다. 중등 교육과 대학 교육에 지나치게 집중된 탓에 현장에서 필요한 실무형 인재를 양성하는 시스템은 취약하다. 빠르게 변화하는 산업 환경 속에서 직업 전환과 역량 재교육이 필수적임에도 성인 학습과 재교육 기회는 여전히 제한적이다.

네 번째는 지역 간 교육 격차다. 수도권과 지방 간의 교육 인프라 격차는 인재 양성의 지역 편중을 심화시키고 지역 균형 발전의 걸림돌이 되고 있다. 지역에서도 수준 높은 교육을 받을 수 있도록 하는 공공 투자와 혁신 노력이 절실하다.

인재 정책과 교육 개혁, 어떻게 해야 하나

미래를 위한 인재 정책과 교육 개혁은 다음과 같은 방향으로 추진되어야 한다.

첫째, 창의성과 융합 능력을 키우는 교육으로 전환해야 한다. 단편적 지식 전달을 넘어 문제 해결형 학습, 프로젝트 기반 학습, 비판적 사고 훈련을 강화해야 한다. 교육 과정과 평가 방식 모두를 혁신해 학생들이 다양한 가능성을 펼칠 수 있도록 해야 한다.

둘째, 산업 수요에 맞는 맞춤형 고등 교육 체계를 구축해야 한다. 대학 교육은 기초 학문과 실용 학문의 균형을 맞추되 AI, 데이터, 바이오, 그린에너지 등 신산업 분야에 특화된 전문 교육을 대폭 확대해야 한다. 대학과 산업계, 연구 기관 간의 협력 체계를 강화해 현장 맞춤형 교육 과정을 개발하고 확산해야 한다.

셋째, 직업 교육과 평생 교육 혁신에 집중해야 한다. 고졸 취업 활성화, 전문 대학과 직업 훈련 기관의 역량 강화, 성인 학습자 대상 재교육 프로그램 확대를 통해 평생 학습 사회로 전환해야 한다. 누구나 생애 주기별로 새로운 역량을 개발하고, 경력 전환이 가능한 사회적 기반을 마련해야 한다.

넷째, 지역 인재 양성과 지역 교육 혁신을 병행해야 한다. 지역 거점 국립 대학을 글로벌 수준으로 육성하고, 지방에도 첨단 산업 인재를 키울 수 있는 교육 인프라를 구축해야 한다. 이를 통해 수도권 집중을 완화하고 지역 경제를 재생할 수 있는 기반을 마련해야 한다.

인재를 키우는 나라가 미래를 연다

결국, 모든 경제 전략의 핵심은 사람이다. 한국이 21세기에도 번영을 이어 가려면 단순히 많이 배우는 인재가 아닌 창의적이고, 문제 해결 능력을 갖춘, 세계와 경쟁할 수 있는 인재를 길러 내야 한다. 지금처럼 입시 경쟁에 소모되는 교육, 산업 변화에 둔감한 교육으로는 미래를 열 수 없다.

교육 개혁은 단기간에 효과가 나타나지 않는다. 그러나 늦출수록 더 깊은 후회를 남긴다. 과거 산업화 시대에는 속도와 효율이 중요했다면, 이제는 혁신과 창의성이 승패를 가른다. 인재 양성의 패러다임을 바꾸지 않으면 한국 경제는 어느 순간 세계 무대에서 밀려날 수 있다.

이제 인재 정책은 교육부만의 과제가 아니다. 산업 정책, 과학 기술 정책, 지역 발전 전략, 복지 정책과 긴밀히 연계된 종합 국가 전략으로 승격되어야 한다. 미래는 준비하는 자의 몫이다. 인재를 키우지 않는 나라에 미래는 없다.

07 세제 개혁과 공정한 조세 체계 구축

조세 정의가 흔들리고 있다

　세금은 국가 운영의 피와 같다. 복지, 교육, 국방, 사회 간접 자본 등 공공 서비스를 가능하게 하는 재원의 근간이 바로 조세다. 또한 조세는 단순히 재원을 걷는 기능을 넘어, 사회 정의와 경제 질서를 지탱하는 핵심 장치이기도 하다. 누구나 소득과 재산에 따라 공정하게 세금을 내고 그 대가로 사회적 권리와 혜택을 누리는 것, 이것이 현대 국가의 기본 원리다.

　그러나 지금 한국의 조세 체계는 공정성에 대한 신뢰를 잃어 가고 있다. 고소득층과 대기업이 다양한 합법적, 비합법적 방법으로 세금을 줄이는 동안, 중산층과 서민층은 상대적으로 높은 세 부담을 떠안고 있다는 인식이 팽배하다. 부동산, 금융 소득, 상속·증여 등을 통한 자산 증식은 세금 회피 수단이 되고, 노동 소득에 대한 과세는 상대적으로 엄격하게 이뤄지는 불균형이 고착되고 있다.

이 같은 조세 불공정은 소득 불평등을 심화시키고, 사회 통합을 위협하며, 경제 활력을 저해한다. 조세 정의가 흔들리면 납세 의식은 약화되고, 국가는 재정적 지속 가능성을 잃게 된다. 이제는 근본적인 세제 개혁을 통해 공정하고 지속 가능한 조세 체계를 다시 세워야 할 때다.

한국 세제의 구조적 문제점들

현재 한국 세제의 문제는 몇 가지 구조적 특징에서 비롯된다.

첫 번째는 직접세와 간접세의 불균형이다. 부가 가치세 같은 간접세 비중이 높아 서민층의 조세 부담이 상대적으로 크고, 소득세나 법인세 같은 직접세 비중은 주요 선진국에 비해 낮은 편이다. 이는 조세의 수평적 형평성을 훼손하고, 소득 재분배 기능을 약화시킨다.

두 번째는 부동산 과세의 왜곡이다. 부동산 시장 과열과 함께 종합 부동산세, 재산세 같은 보유세 강화 논의가 이어졌지만, 실제로는 거래세 위주로 과세 체계가 짜여 있다. 이는 부동산 거래를 위축시키고, 장기 보유에 대한 과세 불공정을 초래한다. 자산 보유에 따른 공정한 과세보다는 일시적 거래에 대한 과세가 집중되어 있다.

세 번째는 금융 소득 과세의 허점이다. 고액 금융 자산가들은 이자, 배당 소득을 분산하거나 해외로 이전하는 방식으로 과세를 회피할 수 있는 구조가 마련되어 있다. 반면 소액 금융 소득에 대한 과세는 상대적으로 엄격하게 적용되어 형평성 문제가 발생하고 있다.

네 번째는 세금 감면 제도의 남용이다. 특정 산업이나 기업에 대한 세제 특혜가 남발되면서 조세 기반이 왜곡되고, 형평성에 대한 신뢰를 약화시키고 있다. 세제 지원이 실제 투자나 고용으로 이어지지 않는 경우도 적지 않다. 이로 인해 조세 지출의 효율성과 투명성에 대한 문제 제기가 끊이지 않고 있다.

세제 개혁, 어떻게 추진해야 하는가

세제 개혁은 단순한 세율 조정이나 세목 신설 문제가 아니다. 국가 재정의 지속 가능성과 사회 통합, 경제 활력이라는 세 축을 균형 있게 고려해야 한다. 구체적으로 다음과 같은 방향이 필요하다.

첫째, 소득세 체계를 누진적으로 강화해야 한다. 고소득층에 대한 실효 세율을 현실화하고, 노동 소득과 자본 소득 간 과세 불균형을 완화해야 한다. 특히 금융 소득 종합 과세 기준을 현실에 맞게 조정하고, 고액 자본 소득에 대한 과세를 강화하는 방향으로 나아가야 한다.

둘째, 부동산 보유세를 정상화해야 한다. 부동산 보유에 대한 과세를 강화하고, 거래세를 점진적으로 인하하는 방향으로 조정해야 한다. 이는 주택 시장의 투기 수요를 억제하고, 실수요자 중심의 시장을 만드는 데 기여할 것이다.

셋째, 세금 감면 제도를 전면 재검토해야 한다. 비효율적이고 형평성에 어긋나는 세제 특혜를 과감히 정비하고, 조세 지출 관리 체계를 강화해야 한다. 모든 세제 감면은 투명하게 공개하고, 경제적 효과를 철저히 검증하는 체계를 마련해야 한다.

넷째, 조세 기반을 확충하고, 디지털 경제 과세에 대비해야 한다. 플랫폼 기업, 디지털 서비스에 대한 과세 체계를 정비하고, 국제적 디지털세 협력에 적극적으로 참여해야 한다. 아울러 지하 경제 양성화, 탈세 방지, 과세 인프라 디지털화를 통해 조세 기반을 넓히는 노력이 병행되어야 한다.

공정한 조세 체계, 신뢰와 성장의 기반

조세는 단순히 돈을 걷는 수단이 아닌 사회 계약의 핵심이다. 모두가 공정하게 세금을 내고, 모두가 그 혜택을 공유할 때, 사회는 지속 가능하게 발전할 수 있다. 조세 정의가 무너지면 불평등은 심화되고, 사회 통합은 붕괴되며, 경제 활력은 약화된다.

특히 고령화와 복지 수요 증가, 저성장 고착이라는 시대적 조건 속에서 지속 가능한 재정을 확보하기 위해서는 공정한 조세 체계 구축이 필수적이다. 조세 기반 없이 복지는 허구이고, 조세 정의 없이 성장도 지속될 수 없다.

국민이 자발적으로 세금을 낼 수 있는 사회, 세금이 제대로 쓰인다는 신뢰를 갖는 사회를 만들어야 한다. 그러기 위해서는 세제의 공정성과 투명성을 높이고, 세금 정책을 정치적 도구가 아닌 국가의 지속 가능성을 위한 전략으로 보고 접근해야 한다.

이제는 누구를 위한 증세냐, 감세냐를 따질 때가 아니다. 모두를 위한 공정한 조세 시스템을 만드는 것이야말로 한국 경제가 다음 세대에도 지속 가능한 번영을 이어 가기 위한 첫걸음이다.

08 규제 혁신, 민간 활력 회복의 출발점

규제 공화국, 숨 막히는 경제

"규제는 필요악이다."

오래전부터 회자된 말이지만, 한국 경제를 돌아보면 이 표현은 절반만 진실이다. 규제는 공공 안전과 질서를 유지하는 데 필요하지만, 지나친 규제는 오히려 경제 활력과 창의적 혁신을 억누르는 족쇄가 된다. 한국은 세계에서 손꼽히는 규제 국가다. 산업별 인허가, 기업 활동 규제, 기술 개발 규제, 노동 시장 규제 등 분야를 가리지 않고 촘촘한 규제망이 존재한다.

특히 20세기 산업화 시대에 만들어진 규제들은 빠르게 변화하는 21세기 디지털·지식 기반 경제 환경과 맞지 않는 경우가 많다. 전기차, 드론, 바이오 의약품, 핀테크, 공유 경제 등 새로운 산업 영역에서는 기존 규제가 혁신의 발목을 잡고 있다. 기업들은 새로운 비즈니스 모델을 개발하고도 법적 불확실성 때문에 시장에 진입하지 못하거나, 과도한 규제 부담에 지쳐 해외로 눈을 돌린다.

문제는 규제의 양만이 아니다. 규제의 예측 가능성 부족, 중복 규제, 부처 이기주의, 비합리적 기준 설정 등 질적 문제 역시 심각하다. 결과적으로 민간 부문의 창의성과 활력이 억눌리고, 경제 전반의 역동성은 둔화된다. 지금 한국 경제에 절실한 것은 대대적인 규제 혁신이다.

규제가 낳는 다섯 가지 부작용

첫 번째 부작용은 창업과 혁신 저해다. 새로운 아이디어를 사업화하려는 스타트업이나 혁신 기업들은 규제의 벽에 막혀 성장 기회를 잃는다. 규제 때문에 글로벌 시장을 선도할 수 있는 혁신이 사장되는 경우가 허다하다.

두 번째는 산업 전환 지연이다. 에너지 전환, 디지털 전환, 바이오·헬스 혁신 등 시대적 과제를 추진해야 할 시기에, 기존 산업을 보호하려는 규제 장벽이 신산업의 성장을 가로막는다. 이로 인해 국가 경쟁력은 점차 약화된다.

세 번째는 민간 투자 위축이다. 규제 리스크가 크면 기업은 대규모 투자 결정을 주저하게 된다. 특히 규제 해석이 모호하거나 법 제도가 잦은 변동을 보이면 장기 투자는 더욱 어려워진다.

네 번째는 지역 경제 침체다. 각종 입지 규제, 환경 규제, 개발 규제 등으로 인해 지방의 성장 동력이 차단된다. 기업 입장에서는 수도권 집중 현상을 심화시킬 수밖에 없는 구조가 고착된다.

다섯 번째는 관료주의 확산이다. 규제 권한을 가진 부처나 공공기관이 규제를 지렛대로 삼아 행정 권력을 강화하는 경우가 많다. 규제 완화가 곧 권한 축소로 이어지기 때문에, 혁신적 규제 개혁이 내부적으로 저항에 부딪히는 경우도 빈번하다.

규제 혁신, 어디서부터 어떻게 시작할 것인가

규제 혁신은 구호로만 외친다고 이루어지지 않는다. 근본적인 패러다임 전환과 강력한 실행력이 뒷받침되어야 한다.

첫째, 규제 총량 관리를 법제화해야 한다. 새로운 규제를 도입할 때 기존 규제를 폐지하거나 통합하는 '원 인 원 아웃one in one out' 제도를 강력히 적용해 규제 증가를 구조적으로 통제해야 한다.

둘째, 규제 샌드박스 제도를 확대하고, 실질적인 효과를 높여야 한다. 신기술, 신산업 분야에서는 일정 기간 규제를 면제하거나 유예해 시장 실험을 가능하게 하고, 그 결과에 따라 법과 제도를 유연하게 조정하는 체계를 확립해야 한다.

셋째, 규제 심사 및 재검토 제도를 강화해야 한다. 모든 규제는 일정 기간마다 경제적 효과와 사회적 필요성을 평가받고, 필요성이 떨어진 규제는 자동으로 폐지되도록 해야 한다. 이를 위해 독립적 규제 개혁 위원회의 권한을 대폭 강화할 필요가 있다.

넷째, 부처 간 칸막이를 제거해야 한다. 규제는 부처 이기주의의 결과로 중복되고 충돌하는 경우가 많다. 통합적 시각에서 규제를 조정하고, 부처 간 협력을 의무화하는 체계를 구축해야 한다. 규제 갈등 조정 기능을 강화하는 것도 필수적이다.

다섯째, 현장 중심 규제 혁신을 추진해야 한다. 기업과 국민이 실제로 겪는 규제 불편을 수집하고, 이를 신속하게 해소하는 '현장 규제 챌린지' 방식의 접근이 필요하다. 탁상공론이 아니라 실질적 규제 혁신을 위해 민간의 목소리를 반영해야 한다.

규제 혁신, 민간 주도의 경제를 여는 열쇠

규제 혁신은 단순한 기업 편의주의가 아니다. 그것은 민간 부문의 창의성과 역동성을 회복하고 경제 전반의 생산성과 경쟁력을 높이는 필수 전략이다. 정부 주도 성장이 한계에 부딪힌 지금, 한국 경제는 민간 주도의 혁신 경제로 전환해야 한다. 이를 가로막는 첫 번째 장애물이 바로 과잉 규제다.

민간이 자유롭게 도전하고 실패할 수 있는 환경, 신기술과 신산업이 빠르게 시장에 진입할 수 있는 환경, 기업이 장기적 비전을 가지고 투자할 수 있는 환경을 만드는 것이야말로 국가 경쟁력을 높이는 길이다. 규제 혁신은 단기적 성과를 넘어 한국 경제의 체질을 근본적으로 바꾸는 작업이어야 한다.

특히 디지털 전환, 탄소 중립, 글로벌 공급망 재편 같은 거대한 변화를 주도하려면 지금과 같은 느리고 경직된 규제 환경으로는 불가능하다. 규제는 최소화하고, 혁신은 최대화하는 방향으로 경제 시스템을 재설계해야 한다.

규제 혁신은 민간의 숨통을 터 주는 일이다. 그리고 민간 활력은 바로 한국 경제가 다시 뛰는 힘이다. 이제는 말이 아니라 행동으로, 선언이 아니라 실천으로 규제 혁신을 이뤄 내야 한다. 그때 비로소 한국 경제는 다시, 세계를 향해 도약할 수 있을 것이다.

09 국가 통계 혁신
- 신뢰받는 데이터 체계

통계는 국가 정책의 나침반이다

"측정할 수 없으면 관리할 수 없다."

경영학의 고전적인 명제는 국가 운영에도 똑같이 적용된다. 정확한 데이터와 신뢰받는 통계는 경제 정책, 사회 정책, 산업 전략 수립의 출발점이자 기준점이다. 통계는 단순히 숫자의 나열이 아니다. 그것은 국가가 어디로 가야 할지를 결정하는 나침반이며, 국민과 정부가 현실을 공유하는 공통 언어다.

특히 경제가 복잡 다변화하고 디지털 전환이 가속화되면서 데이터의 중요성은 더욱 커지고 있다. 고용, 소득, 물가, 산업 구조, 인구 변동 등 모든 영역에서 정확한 통계가 있어야만 문제를 진단하고 해법을 설계할 수 있다. 통계가 부실하거나 왜곡되면 정책은 방향을 잃고, 국민의 신뢰는 무너진다.

그러나 지금 한국의 국가 통계 체계는 여러 한계에 직면해 있다. 수집의 지연성, 표본의 대표성 부족, 부처 간 통계 불일치, 디지털 데이터 활용 미흡 등 문제점이 곳곳에 드러나고 있다. 국가 통계가 시대 변화에 따라 혁신되지 않는다면 한국 경제와 사회는 '눈 감고 운전하는' 위험에 빠질 수 있다.

국가 통계 체계의 구조적 한계

현재 한국의 국가 통계 체계는 몇 가지 구조적 문제를 안고 있다.

첫째, 전통적 조사 방식의 한계다. 대부분의 통계는 설문 조사나 신고 자료를 기반으로 작성되는데 응답률 저하, 허위 응답, 시간 지연 등으로 정확성과 적시성이 떨어진다. 급변하는 사회 경제적 변화를 실시간으로 포착하기 어려운 구조다.

둘째, 부처 간 통계 체계의 파편화다. 고용, 산업, 복지, 교육 등 각 부처가 별도로 통계를 수집하고 작성하다 보니 기준과 정의가 다르고, 통계 간 불일치가 빈번하다. 결과적으로 동일한 현상에 대해 서로 다른 숫자가 제시되기도 한다. 이는 정책 혼선과 국민 불신을 초래한다.

셋째, 디지털 데이터 활용의 미흡이다. 민간에서 생산되는 방대한 양의 빅 데이터—예를 들면 카드 결제 데이터, 온라인 구매 패턴, 이동 통신 데이터 등—가운데 공공 통계로 연계되고 활용되는 비율은 아직 매우 낮다. 정부 통계는 여전히 전통적 행정 자료나 설문 조사에 의존하고 있으며, 새로운 데이터 생태계에 적극적으로 적응하지 못하고 있다.

넷째, 통계 품질 관리와 독립성 문제다. 일부 주요 통계는 정치적 논란에 휘말리거나 편향성 논란에 휘말리기도 한다. 통계청을 비롯한 통계 기관의 독립성과 전문성이 충분히 보장되지 않으면, 데이터 자체에 대한 신뢰가 붕괴될 수 있다.

국가 통계 혁신, 어디서부터 시작할 것인가

국가 통계 체계의 혁신은 단순한 기술적 문제가 아니다. 그것은 정책 품질, 정부 신뢰, 민주주의 건강성까지 좌우하는 중대한 과제다. 몇 가지 전략적 방향이 필요하다.

첫째, 통계 수집 방식을 디지털 기반으로 전환해야 한다. 전통적 조사 방식에 더해 민간 빅 데이터, 행정 데이터, IoT 데이터 등을 통합 활용하는 체계를 구축해야 한다. 이를 위해 개인 정보 보호와 데이터 활용 간 균형을 정교하게 조율하는 제도적 장치도 마련해야 한다.

둘째, 부처 간 통계 통합을 강력히 추진해야 한다. 동일 개념, 동일 분류 기준을 적용하는 통합적 통계 시스템을 구축하고, 부처별 통계 생산을 조정하고 통합하는 전담 기구의 권한을 강화해야 한다. 모든 공공 통계는 데이터 표준화와 상호 운용성을 기본 전제로 해야 한다.

셋째, 통계의 품질과 독립성을 높여야 한다. 통계청의 독립성과 전문성을 헌법이나 법률로 명문화하고, 통계 작성 과정에서 정치적 외압을 차단하는 장치를 마련해야 한다. 주요 경제 지표는 공개적이고 투명한 방식으로 작성·공표되어야 하며, 오류 발생 시 즉각적인 수정과 설명 책임을 져야 한다.

넷째, 통계의 대국민 활용도를 높여야 한다. 데이터 포털, 오픈 API 등 다양한 방식으로 공공 데이터를 국민과 민간에 개방하고, 통계에 기반한 창의적 비즈니스와 연구 개발을 촉진해야 한다. 데이터 민주화는 혁신 경제의 핵심 인프라다.

신뢰받는 데이터가 국가 경쟁력이다

21세기 경제는 '데이터 드리븐data-driven' 경제다. 데이터는 단순한 부수적 자원이 아닌 산업 혁신, 정책 혁신, 사회 혁신의 출발점이다. 데이터가 정확하고 신뢰받을 때 기업은 올바른 전략을 세우고, 정부는 효과적인 정책을 집행할 수 있으며, 국민은 현실을 제대로 이해하고 합리적인 판단을 내릴 수 있다.

한국이 글로벌 디지털 경제 시대에 경쟁력을 유지하고, 민주적 거버넌스의 신뢰를 지키기 위해서는 신뢰받는 국가 통계 체계를 구축해야 한다. 국가 통계 혁신은 거대한 투자나 과감한 기술 개발 못지않게 중요한 국가 과제다.

지금은 통계를 단순한 행정 업무의 부수적 산출물이 아닌 국가의 미래 전략 자산으로 인식해야 할 때다. 데이터는 힘이다. 정확하고 신뢰할 수 있는 데이터 체계를 가진 나라가 미래를 이끈다. 국가 통계 혁신, 그것은 한국 경제가 다시 도약하는 기반이 될 것이다.

10 정부 운영 패러다임
– 관리에서 전략으로

여전히 관리 행정에 머문 정부

한국 정부는 산업화와 민주화를 성공적으로 이룬 역동적 국가 운영 경험을 가지고 있다. 그러나 고도성장기를 지나 저성장과 불확실성이 상수常數가 된 오늘날, 정부 운영 패러다임은 여전히 과거의 '관리 행정' 모델에 머물러 있다. 규정에 따라 일을 처리하고, 현상을 유지하고, 사고를 예방하는 데 초점을 맞춘 '관리형 정부'는 안정적 성장 시대에는 유효했을지 모른다.

하지만 이제 세상은 급변하고 있다. 기술 혁신이 시장과 산업을 하루가 다르게 바꿔 놓고, 글로벌 정세는 예측 불가능할 정도로 요동친다. 복합 위기, 초불확실성 시대에는 단순 관리로는 대응할 수 없다. 이제는 미래를 설계하고 위험을 선제적으로 관리하는 '전략형 정부'로의 대전환이 필요하다.

그런데도 오늘의 정부 조직과 행정 관행은 여전히 '현상 유지'에 집착하는 경향이 강하다. 각 부처는 자신의 기득권과 예산을 지키는 데 급급하고, 융합적 문제 해결이나 장기 전략 수립에는 소극적이다. 현안을 관리하는 데는 능숙하지만, 미래를 여는 데는 미숙한 상태, 이것이 지금 한국 정부의 현실이다.

관리형 정부가 초래하는 부작용

관리 중심 정부 운영은 여러 심각한 부작용을 낳는다.

첫째, 위기에 대한 대응력이 떨어진다. 과거의 매뉴얼에만 의존하는 관성적 행정은 예상치 못한 신종 위기에 제대로 대응할 수 없다. 코로나19 팬데믹, 글로벌 공급망 붕괴, 에너지 위기 등에서 드러난 초기 대응의 혼선은 이를 잘 보여 준다.

둘째, 변화하는 환경에 기민하게 적응하지 못한다. 디지털 전환, 에너지 전환, 산업 구조 변화 등 시대적 과제에 대해 정부가 선제적으로 움직이기보다는 상황이 악화된 뒤 뒷북 대응을 하는 일이 반복되고 있다. 이는 국가 경쟁력 약화로 직결된다.

셋째, 정책 간 조정과 통합이 어렵다. 부처 이기주의가 팽배한 가운데 각 부처가 자기 영역만을 지키려 하다 보니 복합적 문제를 통합적으로 해결하는 거버넌스가 작동하지 않는다. 경제·사회·환경 문제는 서로 긴밀히 얽혀 있는데, 정부는 여전히 칸막이식 접근에 머물러 있다.

넷째, 국민과 시장의 신뢰가 약화된다. 정부가 단기적이고 소극적으로 움직일수록 국민과 민간 부문은 정부를 믿고 장기 계획을 세우기 어렵다. 이는 정책 효과를 반감시키고, 경제 전반의 불확실성을 키우는 결과를 낳는다.

전략형 정부로의 전환, 어떻게 가능한가

정부 운영 패러다임을 전략형으로 전환하기 위해서는 몇 가지 구조적 변화가 필요하다.

첫째, 국가 전략 기능을 강화해야 한다. 단기 현안 관리가 아닌 5년, 10년, 30년 앞을 내다보는 중장기 전략 수립이 필수적이다. 이를 위해 국가 미래 전략 위원회 같은 초당적 전략 기구를 강화하고, 장기 비전을 일관되게 추진할 수 있는 체계를 마련해야 한다.

둘째, 부처 간 통합 거버넌스를 구축해야 한다. 경제, 과학 기술, 환경, 복지 등 다양한 분야를 넘나드는 융합형 문제 해결을 위해 부처 간 칸막이를 없애고, 공동 책임 체계를 강화해야 한다. '부처별 관리'가 아니라 '국가적 문제 해결'을 목표로 하는 협력 행정을 정착시켜야 한다.

셋째, 정책 리더십을 혁신해야 한다. 각 부처 장관과 고위 공직자는 단순한 관리자나 관료가 아닌 변화와 혁신을 이끄는 전략가가 되어야 한다. 이를 위해 인사 시스템도 개혁해야 한다. 정치 논리가 아닌 전문성과 전략적 사고 능력을 기준으로 주요 포지션을 임명하고 평가해야 한다.

넷째, 데이터 기반 정책 운영을 강화해야 한다. 직관과 관성에 의존하는 정책이 아닌 데이터와 과학적 근거에 기반한 정책 수립과 평가가 이루어져야 한다. 데이터 드리븐 거버넌스를 통해 정책의 품질과 신뢰도를 높이고, 민간의 참여와 피드백을 제도화해야 한다.

전략 없는 국가는 미래가 없다

21세기 국가 경쟁력은 단순한 경제 규모나 군사력으로만 측정되지 않는다. 얼마나 기민하게 변화에 대응하고, 얼마나 선제적으로 미래를 설계할 수 있느냐에 달려 있다. 전략 없는 국가는 과거의 성공에 안주하다 몰락하고, 전략이 있는 국가는 미래를 주도한다.

한국은 짧은 기간에 세계 최빈국에서 선진국으로 도약하는 기적을 이뤘다. 그러나 그 성공 방정식이 더는 통하지 않는 시대에 접어들었다. 이제는 관리와 유지가 아닌 창조와 혁신, 전략과 리더십이 필요한 시대다.

전략형 정부로의 전환은 선택이 아니라 생존이다. 국민을 위해, 미래 세대를 위해, 그리고 한국 경제의 지속 가능한 번영을 위해, 지금 바로 정부 운영 패러다임을 바꿔야 한다. 관리에서 전략으로, 수동에서 능동으로, 단기에서 장기로. 이 전환이 한국 경제 체질 혁신의 마지막 퍼즐 조각이다.

제3부
산업 전략을 다시 짜자
- 미래 경쟁의 설계도

반도체, AI, 2차 전지, 바이오, 그린 산업 등 미래 핵심 분야에 대한 국가적 총력 전략이 필요하다. 제조업을 스마트화·친환경화하고, 농업과 수산업도 전략 산업으로 전환해야 한다. 문화 콘텐츠, 관광, 의료 수출을 통한 산업 다변화 전략을 추진하고, 민·관·학 혁신 생태계를 재구축해 산업 정책과 기술 정책을 통합 설계해야 한다.

01 반도체·AI 초격차 전략 지속 가능성

초격차 신화, 한국 경제의 자부심

한국 경제는 세계 시장을 주도하는 몇 가지 산업을 보유하고 있다. 그중에서도 반도체 산업은 한국을 글로벌 경제 강국 반열에 올려놓은 핵심 엔진이었다. 메모리 반도체 분야에서 삼성전자와 SK하이닉스는 오랜 시간 세계 1, 2위를 다투며 '초격차' 신화를 만들어 냈다. 반도체 산업은 단순한 수출 품목을 넘어, 한국 경제의 성장, 고용, 기술 혁신을 견인하는 중심축이 되었다.

최근에는 인공 지능 기술이 새로운 성장 동력으로 부상하고 있다. 데이터 경제 시대, AI는 산업 전반의 생산성과 혁신을 좌우하는 기술로 자리 잡았다. 한국은 AI 분야에서도 연구 개발과 스타트업 육성에 속도를 내며 글로벌 경쟁에 뛰어들고 있다. 반도체와 AI, 이 두 분야는 한국 경제의 미래를 여는 '황금 열쇠'로 기대를 모으고 있다.

그러나 과거의 초격차가 영원히 지속될 것이라고 믿는 것은 위험한 착각이다. 기술 발전 속도는 갈수록 빨라지고 있고, 글로벌 경쟁은 더욱 치열해지고 있다. 한국의 반도체·AI 초격차 전략은 지금, 지속 가능성을 향한 중대한 기로에 서 있다.

초격차를 위협하는 다섯 가지 도전

첫 번째 도전은 글로벌 기술 패권 경쟁이다. 미국과 중국은 반도체와 AI를 국가 전략 산업으로 지정하고 막대한 투자를 쏟아붓고 있다. 미국은 자국 반도체 산업 부흥을 위해 CHIPS 법을 제정했고, 중국은 '반도체 자립'을 국책 과제로 삼고 있다. 기술과 시장을 둘러싼 글로벌 패권 다툼은 한국 기업들에도 직접적인 압박으로 다가오고 있다.

두 번째는 기술의 급격한 변화다. 기존 메모리 중심 반도체 시장은 한계에 도달하고 있으며, 시스템 반도체non-memory semiconductor, AI 반도체, 차세대 반도체 기술이 미래를 좌우할 것으로 전망된다. 그러나 한국은 메모리에 비해 비메모리 분야에서는 아직 경쟁력이 약하다. 이 격차를 빠르게 메우지 못하면 초격차는 단기간에 무너질 수 있다.

세 번째는 공급망 리스크다. 반도체 제조는 소재, 부품, 장비, 설계 등 복잡한 글로벌 공급망에 의존하고 있다. 미·중 갈등, 일본 수출 규제 사례에서 보듯, 특정 국가에 대한 과도한 의존은 심각한 리스크가 된다. 안정적인 공급망 다변화와 자체 기술 확보가 필수적이다.

네 번째는 인재 부족이다. 반도체와 AI 분야 모두 고급 인재의 수요는 급증하고 있지만, 국내 인재 양성 속도는 수요를 따라가지 못하고 있다. 특히 AI 알고리즘, 반도체 설계, 첨단 제조 공정 분야의 핵심 인재는 글로벌 시장에서도 치열한 쟁탈전이 벌어지고 있다.

다섯 번째는 투자 지속성 문제다. 반도체와 AI는 장기간 막대한 투자가 필요한 분야다. 단기 성과에 집착하거나 경기 변동에 따라 투자가 위축된다면 초격차는 쉽게 무너진다. 꾸준한 R&D 투자와 대규모 시설 투자 없이는 세계 시장에서 선도적 지위를 유지하기 어렵다.

초격차를 지속하기 위한 전략

초격차를 지속하기 위해서는 몇 가지 핵심 전략이 필요하다.

첫째, 비메모리 반도체와 AI 반도체 육성에 본격적으로 나서야 한다. 시스템 반도체 설계fabless 역량 강화, 위탁 생산foundry 경쟁력 제고, AI 특화 반도체 개발 등에 대한 정부와 민간의 공동 투자가 절실하다.

둘째, 첨단 공정과 차세대 기술에 대한 선제적 투자다. 2나노 이하 초미세 공정, 차세대 메모리 기술(3D NAND, MRAM 등), AI 기반 반도체 최적화 기술 등에서 글로벌 최전선에 서기 위해 대규모 R&D를 장기적 관점에서 지속해야 한다.

셋째, 글로벌 공급망 다변화 전략을 가속화해야 한다. 소재, 부품, 장비 국산화를 강화하는 동시에, 미국, 일본, 유럽, 동남아 등과의 전략적 공급망 네트워크를 확립해야 한다. 특정 국가에 대한 의존도를 줄이고, 리스크 분산을 체계화해야 한다.

넷째, 인재 확보와 육성에 총력을 기울여야 한다. 반도체·AI 전공자 양성을 위한 대학 지원, 산학 협력 강화, 해외 인재 유치 프로그램을 적극적으로 추진해야 한다. 특히 세계적 수준의 반도체·AI 특화 연구 중심 대학 설립을 검토할 필요가 있다.

다섯째, 투자 지속성을 위한 정책적 뒷받침이 필수적이다. 세제 혜택, 금융 지원, 규제 완화 등을 통해 반도체·AI 분야의 민간 투자가 경기 변동에도 꾸준히 유지될 수 있도록 해야 한다. 동시에 정부도 장기적 관점에서 전략적 투자 펀드를 조성할 필요가 있다.

초격차는 영원하지 않다, 끊임없는 혁신만이 답이다

'초격차'라는 표현은 달콤하다. 그러나 초격차는 결코 영구적이지 않다. 기술은 따라잡히기 마련이고, 시장은 끊임없이 변한다. 초격차를 지키려면 안주하는 순간, 곧바로 추락이 시작된다. 끊임없는 혁신과 선제적 대응만이 초격차를 지속시키는 유일한 방법이다.

반도체와 AI는 한국 경제의 심장이다. 이 두 분야에서 초격차를 지키고, 나아가 새로운 초격차를 창출해야만 한국은 글로벌 경제에서 주도권을 유지할 수 있다. 정부와 기업, 학계와 연구 기관이 함께 긴 호흡으로, 과감하고 일관된 전략을 추진해야 한다.

초격차는 과거의 영광이 아닌 매일 새로 만들어야 하는 미래의 성취다. 지금 한국은 다시 한번 세계를 놀라게 할 준비가 되어야 한다. 미래를 향한 담대한 투자와 집요한 혁신, 그것이 반도체·AI 초격차 전략의 지속 가능성을 보장할 것이다.

02   2차 전지, 바이오, 우주 산업 육성 방안

새로운 성장 축이 필요하다

한국 경제는 오랫동안 제조업과 수출을 기반으로 성장해 왔다. 반도체, 자동차, 조선, 석유 화학 등 전통적 주력 산업들이 세계 시장에서 경쟁력을 발휘하며 경제를 이끌었다. 그러나 지금 세계는 새로운 산업 지형을 빠른 속도로 그리고 있다. 탄소 중립, 디지털 전환, 초고령 사회 등 거대한 변화는 전통 산업만으로는 감당할 수 없는 새로운 성장 동력을 요구하고 있다.

이제는 기존 산업을 넘어 새로운 전략 산업을 키워야 할 때다. 특히 2차 전지, 바이오, 우주 산업은 21세기 글로벌 경제의 새로운 프런티어로 부상하고 있다. 2차 전지는 전기차, 에너지 저장 등 탄소 중립 시대의 핵심 인프라이고, 바이오산업은 초고령 사회와 팬데믹 이후 인류 건강을 책임질 산업이다. 우주 산업은 미래 기술의 정수이자, 경제적·군사적 주권의 기반이 된다.

한국은 이 세 분야 모두에서 높은 가능성과 강력한 기초 역량을 갖고 있다. 그러나 아직까지 글로벌 주도권을 확고히 장악했다고 보기는 어렵다. 이제는 이들 산업을 국가적 전략 산업으로 명확히 규정하고, 집중적이고 일관된 육성 전략을 추진해야 한다.

2차 전지, 바이오, 우주 산업의 현재 위치와 과제

먼저 2차 전지 분야를 보자. 한국은 세계 최고의 리튬 이온 배터리 생산국 중 하나로, LG에너지솔루션, 삼성SDI, SK온 등 글로벌 선두 기업을 보유하고 있다. 그러나 기술 혁신 속도가 매우 빠르고, 중국, 일본, 미국의 추격도 거세다. 특히 원재료 공급망 확보, 차세대 전고체 배터리 개발, 재활용·재사용 기술 확보 등이 미래 경쟁력을 좌우할 것이다.

바이오산업은 최근 코로나19 백신 개발 등으로 주목받았지만, 여전히 제약·바이오 글로벌 시장에서는 후발 주자에 속한다. 기술력, 임상 역량, 글로벌 규제 대응 능력 등에서 선진국과의 격차가 존재한다. 특히 복제약biosimilar 중심 전략에서 벗어나 신약 개발, 세포 치료제, 유전자 치료제 같은 혁신적 분야로 전환이 필요하다.

우주 산업은 이제 막 본격적인 도약을 시작한 단계다. 누리호 발사 성공은 한국형 발사체 독자 개발이라는 상징적 성과였지만, 위성 개발, 우주 탐사, 우주 인터넷, 위성 통신 서비스 등 상업적 응용 분야에서는 여전히 초기 단계다. 미국, 중국, 유럽은 이미 민간

우주 산업new space 주도 경쟁에 나선 상황에서, 한국도 속도를 높여야 한다.

전략적 육성 방안

세 산업 모두를 미래 전략 산업으로 키우기 위해 다음과 같은 구체적 방안이 필요하다.

첫째, 대규모 민관 공동 투자다. 2차 전지, 바이오, 우주 산업은 막대한 초기 투자가 필요하며, 민간 단독으로 감당하기 어렵다. 정부는 대형 프로젝트와 펀드를 조성하고, 민간의 모험적 투자를 촉진하는 인센티브를 제공해야 한다. 연구 개발 투자와 인프라 구축에 대한 적극적 재정 지원이 필수다.

둘째, 원천 기술 확보에 집중해야 한다. 단기적 시장 대응에 급급할 것이 아니라 차세대 배터리 기술, 바이오 신약 플랫폼, 우주 탐사 핵심 기술 같은 근본적 경쟁력을 키워야 한다. 이를 위해 대학, 연구 기관, 기업 간 긴밀한 기술 협력 네트워크를 구축하고, 실패를 용인하는 연구 개발 문화를 조성해야 한다.

셋째, 글로벌 시장 전략을 세워야 한다. 국내 시장만 바라봐서는 성공할 수 없다. 2차 전지는 글로벌 공급망 구축과 주요 시장 선점이 중요하고, 바이오는 미국 FDA, 유럽 EMA 승인을 목표로 초기부터 글로벌 기준에 맞춰야 한다. 우주 산업도 글로벌 파트너십 구축과 해외 진출 전략이 병행되어야 한다.

넷째, 인재 양성과 규제 혁신을 병행해야 한다. 세 산업 모두 고급 인재 확보가 생명선이다. 특화 대학·대학원 설립, 해외 석학 유치, 산학연 협력 교육 모델을 강화해야 한다. 동시에 기존 산업 중심의 규제 틀을 벗어나 신산업 특성에 맞는 유연한 규제 체계를 마련해야 한다.

미래를 여는 세 개의 키

2차 전지, 바이오, 우주 산업은 단순한 신산업이 아니다. 그것은 한국 경제가 저성장의 늪을 탈출하고, 미래 성장의 활로를 여는 세 개의 열쇠다. 지금 이 산업들을 전략적으로 육성하지 않는다면, 한국은 머지않아 글로벌 경쟁에서 뒤처질 수 있다.

특히 이들 산업은 상호 연관성도 강하다. 2차 전지는 에너지 전환과 디지털 인프라의 핵심이고, 바이오는 건강과 생명과학 기술 기반 사회를 만들며, 우주 산업은 첨단 기술 집약과 국방·민간 융합 혁신을 촉진한다. 세 산업을 따로 키울 것이 아니라 융합적 관점에서 육성 전략을 세워야 한다.

한국은 이미 역동성과 잠재력을 입증해 왔다. 그러나 잠재력만으로 미래를 보장할 수는 없다. 과감한 투자, 집요한 혁신, 일관된 전략 추진만이 미래를 보장한다. 2차 전지, 바이오, 우주. 이 세 분야에 대한민국의 다음 30년이 달려 있다. 지금이 바로 새로운 미래를 위한 도약을 시작할 시간이다.

03 그린 산업과 에너지 전환의 생태계 구축

탄소 중립은 선택이 아니라 생존이다

21세기 산업과 경제의 대전환을 이끄는 가장 강력한 흐름 중 하나는 탄소 중립이다. 기후 변화의 위기가 가속화되면서, 탄소 감축은 더 이상 환경 운동가들의 구호가 아니라 글로벌 경제 질서의 중심 규범이 되었다. 미국, 유럽, 중국, 일본 등 주요국은 2050년 또는 2060년 탄소 중립 목표를 법제화하고 산업 구조, 에너지 체계, 소비 패턴 전반을 재설계하고 있다.

한국 역시 2050 탄소 중립을 선언했지만, 아직까지 실행력과 산업 구조 혁신은 더딘 편이다. 특히 한국 경제는 에너지 다소비형 제조업 비중이 높고, 에너지 수입 의존도가 절대적인 구조를 가지고 있다. 탄소 중립 전환을 외면하거나 늦춘다면 단순한 환경 문제가 아닌 수출 경쟁력 약화, 글로벌 투자 회피, 경제 성장 정체로 이어질 수 있다.

탄소 국경 조정제, 환경·사회·지배 구조ESG: environmental, social

and governance 경영 강화, 글로벌 공급망 규범 변화 등은 한국 기업들에게 이미 현실적 압박으로 다가오고 있다. 탄소 중립은 이제 선택지가 아니다. 생존을 위해, 그리고 미래의 기회를 선점하기 위해 반드시 넘어야 할 문턱이다.

에너지 전환의 과제와 딜레마

에너지 전환은 탄소 중립을 위한 핵심 경로다. 그러나 현실은 간단치 않다. 한국은 현재 에너지 소비의 80퍼센트 이상을 화석 연료에 의존하고 있으며, 재생 에너지 비중은 주요 선진국에 비해 낮은 편이다. 전기 요금은 정치적 요인으로 억제되어 에너지 가격 신호가 왜곡되어 있고, 에너지 효율성 개선도 정체 상태에 있다.

재생 에너지 확대는 필수지만, 속도와 균형의 문제를 함께 고민해야 한다. 무리한 재생 에너지 목표 설정은 전력 안정성을 위협하고, 산업 경쟁력에도 부담을 줄 수 있다. 태양광, 풍력 등 재생 에너지 인프라 구축 과정에서 주민 수용성과 환경 훼손 문제도 적지 않다.

원자력 발전은 탄소 중립을 위한 과도기적 대안으로 주목받고 있지만, 여전히 정치적 논란과 안전성 문제를 안고 있다. 또, 수소 경제로의 전환은 장기적으로 유망하지만, 아직 기술과 인프라가 미완성 단계에 머물러 있다.

결국, 에너지 전환은 하나의 기술이나 정책 수단에 의존할 수 없다. 재생 에너지, 원자력, 수소, 에너지 저장 기술ESS: energy storage system, 스마트 그리드 등 다양한 옵션을 조합하는 종합적 전략이 필요하다. 동시에 에너지 가격 정상화, 에너지 효율 향상, 수요 관리 혁신 등 수요 측면의 개혁도 병행되어야 한다.

그린 산업 생태계 구축 전략

탄소 중립과 에너지 전환은 부담이 아니라 새로운 성장의 기회다. 이를 위해서는 그린 산업 생태계를 전략적으로 구축해야 한다.

첫째, 재생 에너지 산업의 경쟁력을 강화해야 한다. 단순히 설치 용량을 늘리는 데 그치지 말고, 고효율 태양광, 부유식 해상 풍력, 스마트 에너지 관리 시스템 등 첨단 기술 분야에 투자하고, 글로벌 시장을 선도할 제품과 서비스를 개발해야 한다.

둘째, 수소 경제 인프라를 선도적으로 구축해야 한다. 청정수소 생산, 수소 저장·운송·활용 기술을 개발하고, 수소차, 수소 발전, 수소 산업 단지 조성 등을 통해 수요 기반을 확장해야 한다. 이를 위해 초기 시장 형성과 비용 절감을 위한 정부 지원이 병행되어야 한다.

셋째, 에너지 효율 혁신을 국가 전략으로 삼아야 한다. 산업, 건물, 교통 부문에서 에너지 소비를 획기적으로 줄이는 기술과 제도를 개발하고 확산해야 한다. 고효율 기기 보급, 스마트 시티 조성,

에너지 관리 시스템 구축 등을 통해 '에너지 절약이 최고의 에너지'라는 인식을 확산시켜야 한다.

넷째, 녹색 금융과 ESG 투자 활성화를 통해 민간 자본을 끌어들여야 한다. 녹색 채권green bond, ESG 펀드, 기후 금융 활성화를 통해 기업들이 그린 산업에 투자하고 혁신할 수 있도록 자본 시장을 조성해야 한다.

탄소 중립은 한국 경제의 새로운 승부처다

그린 산업과 에너지 전환은 단순한 환경 보호가 아니다. 그것은 21세기 경제 패권을 가르는 핵심 경쟁력이다. 탄소 중립을 주도하는 나라가 글로벌 시장을 선도하고, 새로운 부를 창출할 것이다. 늦으면 따라잡을 수 없다. 선도해야 살아남는다.

한국은 이미 뛰어난 제조업 기반, 빠른 기술 흡수력, 강한 민간 혁신 역량을 갖추고 있다. 여기에 과감한 정책 추진과 민간 주도의 역동성을 결합한다면 그린 산업 강국으로 도약할 수 있다.

지금은 탄소 중립을 부담으로 볼 것이 아니라 대한민국의 다음 100년을 여는 전략적 기회로 인식해야 한다. 에너지 전환과 그린 산업 혁신은 비용이 아니라 투자다. 미래를 향한 가장 확실한 투자다. 이 거대한 변화를 선도하는 나라가 미래를 지배할 것이다. 한국이 그 주인공이 되어야 한다.

04 제조업 르네상스 – 스마트화와 친환경화

제조업은 여전히 국가 경쟁력의 뼈대다

 세계 경제가 디지털 혁신과 서비스화로 빠르게 전환되고 있지만, 제조업은 여전히 국가 경제의 기반이자 지속 가능한 성장의 핵심 축이다. 제조업이 강한 나라는 위기에 강하고, 고용과 기술 혁신에서도 높은 파급 효과를 가져온다. 미국, 독일, 일본, 중국 등 글로벌 경제 강국들은 제조업의 전략적 중요성을 재확인하며 '제조업 르네상스'를 선언하고 있다.
 한국 역시 마찬가지다. 제조업은 GDP의 30퍼센트 이상, 수출의 80퍼센트 이상을 차지하며 경제를 떠받치고 있다. 반도체, 자동차, 조선, 철강, 화학 등은 여전히 한국 산업의 버팀목이다. 그러나 전통적 제조업 모델만으로는 미래를 보장할 수 없다. 디지털 기술과 친환경 요구가 제조업의 패러다임을 근본부터 바꾸고 있다.
 이제 한국 제조업도 스마트화와 친환경화를 축으로 대전환을 이루어야 한다. 고비용·저효율 구조를 탈피하고, 혁신성과 지속 가능성을 겸비한 제조업 생태계를 구축해야 한다. 그것이 제조업 르네상스의 핵심 과제다.

제조업이 직면한 새로운 도전

첫 번째 도전은 디지털 전환이다. 인공 지능, 사물 인터넷IoT: Internet of Things, 빅 데이터, 클라우드 컴퓨팅 등 디지털 기술은 제조업의 모든 과정을 변화시키고 있다. 제품 설계, 생산 공정, 품질 관리, 공급망 관리, 고객 서비스까지 전 영역에서 스마트화가 요구된다. 디지털 기술을 접목하지 못하면 생산성과 경쟁력이 급격히 떨어질 수밖에 없다.

두 번째는 친환경 전환이다. 탄소 중립 시대에 제조업은 에너지 소비, 온실가스 배출, 원자재 사용 방식까지 근본적 변화를 요구받고 있다. 탈탄소 공정, 순환 경제 모델, 친환경 소재 개발이 새로운 경쟁력의 기준이 되고 있다. 탄소 다배출 업종은 규제 강화와 시장 축소로 직격탄을 맞게 될 것이다.

세 번째는 글로벌 공급망 재편이다. 미·중 갈등, 팬데믹, 지정학적 리스크 등으로 글로벌 공급망이 불안정해지면서, 제조업의 리스크 관리 역량이 핵심 경쟁 요소가 되고 있다. 원자재, 부품, 생산 거점의 다변화와 유연성이 필수다.

네 번째는 고령화와 인구 구조 변화다. 숙련공 부족, 노동력 감소는 제조업의 지속성에 큰 위협이 되고 있다. 생산 자동화, 로봇 활용, 스마트 제조 시스템 구축 없이는 지속 가능한 생산 기반을 유지하기 어렵다.

제조업 르네상스를 위한 전략

제조업을 다시 뛰게 하기 위해서는 다음과 같은 전략이 필요하다.

첫째, 스마트 제조 혁신을 전면화해야 한다. 모든 제조 기업이 디지털화, 자동화, 데이터 기반 운영 체계를 갖추도록 지원하고 유도해야 한다. 스마트 공장 보급을 넘어, 초연결·초지능형 스마트 제조 생태계를 구축해야 한다. AI 기반 예지 정비, 디지털 트윈, 생산 최적화 솔루션 등 첨단 기술을 적극 도입해야 한다.

둘째, 친환경 제조로의 전환을 가속화해야 한다. 저탄소·무탄소 제조 공정 개발, 친환경 원자재 활용, 제품의 전 과정 평가LCA: Life Cycle Assessment를 통한 탄소 저감 노력을 산업계 전반에 확산시켜야 한다. 탄소 중립 제조 클러스터 조성, 친환경 인증 제도 활성화 등 제도적 지원도 병행되어야 한다.

셋째, 중소·중견 제조 기업의 전환을 적극 지원해야 한다. 대기업만이 아니라 수많은 중소·중견 기업들이 스마트화·친환경화를 추진할 수 있도록 기술 지원, 금융 지원, 인력 양성 프로그램을 강화해야 한다. 제조업 혁신은 소수 기업의 성공이 아니라 생태계 전체의 체질 개선을 목표로 해야 한다.

넷째, 글로벌 공급망 전략을 재설계해야 한다. 주요 부품·소재의 자립도를 높이고, 공급망 다변화를 통해 리스크를 분산해야 한다. 동시에 한국 제조업의 강점을 기반으로 글로벌 가치 사슬 내에서 주도적 위치를 확보하기 위한 전략적 제휴와 해외 시장 개척을 강화해야 한다.

제조업 르네상스, 한국 경제 재도약의 열쇠

제조업의 부흥 없이 한국 경제의 미래는 없다. 제조업은 여전히 고부가 가치 창출, 양질의 일자리 제공, 기술 혁신의 중심이다. 단순 생산이 아니라 스마트하고 친환경적이며 글로벌 경쟁력을 갖춘 새로운 제조업 생태계를 만드는 것, 그것이 바로 제조업 르네상스다.

디지털화와 탈탄소화라는 거대한 흐름은 위기이자 기회다. 지금 이 변화를 주도적으로 이끌어 낸다면, 한국 제조업은 다시 한번 세계를 선도할 수 있다. 반대로 변화를 두려워하거나 미루면, 순식간에 글로벌 경쟁에서 도태될 수 있다.

한국은 이미 산업화의 기적을 이룬 나라다. 그 경험과 역량을 바탕으로, 이제 제조업 혁신의 새로운 역사를 써야 한다. 제조업 르네상스는 과거의 영광을 되찾기 위한 것이 아닌 미래의 번영을 열기 위한 필수 전략이다. 한국 경제가 다시 뛰려면, 제조업부터 다시 뛰어야 한다.

05 농업과 수산업, 전략 산업으로 전환하라

전통 산업이 미래 산업이 되는 시대

농업과 수산업은 오랫동안 전통 산업으로 여겨졌다. 산업화, 도시화가 진행되면서 이들 산업은 상대적으로 낙후한 분야, 보조금 의존 산업이라는 인식이 굳어졌다. 그러나 21세기 글로벌 경제는 전혀 다른 방향으로 움직이고 있다. 기후 위기, 식량 안보, 생물 자원 보호, 건강과 웰빙에 대한 관심이 높아지면서 농업과 수산업이 새로운 전략 산업으로 부상하고 있다.

특히 글로벌 식량 공급망 불안정은 농업과 수산업의 전략적 가치를 다시 부각시키고 있다. 코로나19 팬데믹, 우크라이나 전쟁, 기후 변화 등 복합 위기가 겹치면서 식량 자급과 안정적 식량 확보가 국가 안보의 문제로까지 확장되고 있다. 또한 고부가 가치 농식품, 해양 바이오 자원, 친환경 식량 기술 등은 미래 성장 산업으로 주목받고 있다.

한국은 척박한 환경에서도 세계적 농업·수산업 기술을 축적해 왔다. 그러나 여전히 농업과 수산업을 '보호해야 할 산업'으로만 바라보는 경향이 강하다. 이제는 패러다임을 바꿔야 한다. 농업과 수산업을 보호 대상으로가 아닌 전략적 성장 동력으로 키워야 할 시점이다.

농업·수산업의 구조적 문제와 한계

현재 농업과 수산업이 직면한 문제는 심각하다.

첫 번째는 인구 구조의 붕괴다. 농촌과 어촌은 급격한 고령화와 인구 감소를 겪고 있다. 농업인의 평균 연령은 이미 67세를 넘어섰고, 청년 농어업인은 극히 드물다. 인력 기반이 무너지면서 산업 자체의 지속 가능성이 위협받고 있다.

두 번째는 소득 불안정과 시장 구조의 문제다. 농산물과 수산물 가격은 계절적 요인, 국제 시세, 소비 트렌드 변화 등에 민감하게 반응하며 변동성이 크다. 생산자는 가격 하락의 위험을 떠안고, 유통 구조는 복잡하고 비효율적이어서 생산자의 몫은 갈수록 줄어들고 있다.

세 번째는 산업 경쟁력 약화다. 한국의 농업·수산업은 소규모 영세 경영이 많고, 첨단화·기업화가 더디다. 농업 생산성은 선진국 대비 낮은 편이고, 수산업 역시 자원 관리와 생산 기술 측면에서 선진국과 격차가 존재한다. 특히 글로벌 시장에서 경쟁력 있는 고부가 가치 제품을 만들어 내는 역량이 부족하다.

네 번째는 기후 위기와 자원 고갈이다. 이상 기후, 해양 오염, 남획 등으로 인해 농업과 수산업의 생산 기반이 위협받고 있다. 전통적 방식만으로는 변화하는 환경에 대응할 수 없다. 기술 기반, 친환경 기반으로 산업을 재구성해야 생존이 가능하다.

농업·수산업의 전략 산업화 방안

농업과 수산업을 전략 산업으로 전환하기 위해 다음과 같은 과감한 혁신이 필요하다.

첫째, 스마트 농업·수산업을 본격 육성해야 한다. 인공 지능, 빅데이터, 드론, 로봇, IoT를 활용해 농어업의 전 과정을 자동화·지능화하는 스마트팜, 스마트어업 체계를 구축해야 한다. 생산성 향상은 물론, 젊은 세대의 유입을 촉진할 수 있다.

둘째, 고부가 가치 식품·바이오 산업으로 확장해야 한다. 단순 원물 생산을 넘어 기능성 식품, 바이오 신소재, 해양 바이오 의약품 등 고부가 가치 분야로 농수산업을 확장해야 한다. 이를 위해 연구 개발 투자와 산업 간 융합 촉진이 필요하다.

셋째, 지속 가능한 생산 체계를 확립해야 한다. 친환경 농업, 유기 농업, 지속 가능한 어업 관리 체계를 확산시키고, 탄소 중립 농업, 해양 탄소 흡수blue carbon 전략을 적극적으로 추진해야 한다. 환경과 조화를 이루는 생산 방식은 글로벌 시장에서도 경쟁력이 된다.

넷째, 청년 농어업인 육성 전략을 강화해야 한다. 귀농·귀촌 지원, 청년 창업 지원, 교육·훈련 강화 등을 통해 젊은 인재들이 농어업에 진입하고 정착할 수 있는 환경을 조성해야 한다. 농어업을 낡은 산업이 아니라 첨단 미래 산업으로 인식하게 만드는 문화적 전환도 필요하다.

농업·수산업 혁신, 대한민국 경제의 지평을 넓힌다

농업과 수산업을 전략적으로 육성하는 것은 경제적 이유만이 아니다. 그것은 국가 안보, 식량 주권, 지역 균형 발전, 환경 보전이라는 다층적 의미를 지닌 과제다. 농어업이 강한 나라는 위기에 강하고, 국민 삶의 질도 높다.

이제 농어업을 보호 대상이 아니라 성장 엔진으로 바라봐야 한다. 디지털 기술과 친환경 전략을 결합한 미래형 농어업은 단순한 산업을 넘어, 대한민국 경제의 새로운 지평을 여는 열쇠가 될 수 있다. 농촌과 어촌이 쇠락의 상징이 아닌 혁신과 지속 가능성의 상징으로 거듭나야 한다.

미래는 준비하는 자의 몫이다. 농업과 수산업의 전략 산업화, 그것이 바로 한국 경제의 다음 100년을 준비하는 길이다. 지금이 변화를 시작할 시간이다.

06 문화 콘텐츠와 K-브랜드의 세계화

콘텐츠는 국경을 넘어 경제를 이끈다

21세기 경제는 단순한 상품과 서비스의 경쟁을 넘어 스토리와 감성, 문화의 힘으로 움직인다. 글로벌 시장에서 국가의 브랜드 가치는 더 이상 전통 산업의 성과만으로 형성되지 않는다. 문화 콘텐츠―영화, 음악, 드라마, 게임, 웹툰, 패션, 뷰티 등―가 세계인의 마음을 사로잡고, 그 결과 국가 전체의 이미지와 경제적 가치가 함께 상승하는 구조가 만들어지고 있다.

한국은 이 흐름의 중심에 있다. K-팝, K-드라마, K-무비, K-뷰티, K-푸드 등 'K-컬처'는 전 세계에서 독보적인 문화적 영향력을 확장해 왔다. BTS, 블랙핑크, 〈기생충〉, 〈오징어 게임〉, 〈더 글로리〉 같은 그룹과 작품들은 단순한 콘텐츠 히트를 넘어, 한국이라는 나라 자체를 세계적 브랜드로 부각시켰다.

문화 콘텐츠의 파급력은 경제적 측면에서도 막대하다. 콘텐츠 자체의 수출 수익은 물론, 관광, 소비재, 교육, 기술 수출까지 연쇄

효과를 일으킨다. 문화가 시장을 열고, 브랜드가 국가 경제를 끌어올리는 시대다. 이제 문화 콘텐츠 산업은 단순한 부가 산업이 아닌 한국 경제의 전략적 핵심 산업으로 자리매김해야 한다.

한국 문화 콘텐츠 산업의 현재와 한계

한국 문화 콘텐츠 산업은 세계에서 드물게 성공한 사례다. 그러나 냉정하게 보면 여전히 넘어야 할 한계도 분명하다.

첫 번째는 산업 구조의 취약성이다. 스타 콘텐츠의 세계적 성공에도 불구하고, 산업 전반은 중소형 제작사 중심으로 분절되어 있다. '제작-배급-마케팅-플랫폼'으로 이어지는 통합적 가치 사슬 구축이 미흡하고, 제작자들이 안정적인 투자 기반 없이 위험을 감수해야 하는 구조가 지속되고 있다.

두 번째는 콘텐츠 다양성의 한계다. 드라마, K-팝 등 일부 장르에 치중된 경향이 있으며, 애니메이션, 다큐멘터리, 아동 콘텐츠, 지식 콘텐츠 등 다양한 분야의 경쟁력은 상대적으로 약하다. 다양한 스토리텔링 자산을 확장하지 않으면 시장의 지속적 확장에 한계가 온다.

세 번째는 인재 육성과 산업 생태계 문제다. 제작, 연출, 작가, 기술 인력 등 콘텐츠 핵심 인재는 수요에 비해 절대적으로 부족하다. 특히 글로벌 수준의 창의성과 전문성을 겸비한 인재 양성 체계는 아직 체계화되지 않았다.

네 번째는 K-브랜드 확장의 전략 부재다. K-콘텐츠의 성공이 다른 산업(소비재, 패션, 관광, 교육 등)으로 자연스럽게 이어지지 못하고 있다. 문화적 파급력을 경제적 성과로 연결하는 종합적 브랜드 전략이 필요하다.

문화 콘텐츠와 K-브랜드 세계화 전략

한국 문화 콘텐츠와 K-브랜드의 세계화를 가속화하기 위해 다음과 같은 전략적 접근이 필요하다.

첫째, 글로벌 지향형 콘텐츠 제작을 본격화해야 한다. 초기 기획 단계부터 세계 시장을 염두에 두고 스토리, 캐릭터, 제작 방식을 설계해야 한다. 단순한 '한류'가 아닌 글로벌 보편성과 한국적 독창성이 결합된 콘텐츠가 필요하다.

둘째, 지적 재산권IP: intellectual property 기반 산업 생태계를 구축해야 한다. 단발성 히트작에 의존할 것이 아니라 IP를 장기적으로 관리·확장하는 체계를 만들어야 한다. 인기 드라마 한 편이 굿즈, 게임, 영화, 웹툰, 공연 등으로 확장되는 '원 소스 멀티 유즈OSMU' 전략을 적극적으로 추진해야 한다.

셋째, 문화 기술CT: culture technology과 융합 콘텐츠를 육성해야 한다. 가상 현실VR: virtual reality, 증강 현실AR: augmented reality, 메

타버스, 인공 지능 기반 콘텐츠 등 첨단 기술과 결합한 새로운 형식의 문화 콘텐츠 개발에 투자해야 한다. 기술력은 새로운 스토리텔링을 가능하게 하고, 시장 확장을 촉진한다.

넷째, K-브랜드 통합 전략을 수립해야 한다. 콘텐츠 산업과 소비재 산업(뷰티, 패션, 식품, 관광, 교육 등)을 연계한 통합적 글로벌 마케팅 전략이 필요하다. 콘텐츠가 열어 놓은 감성적 공감을 브랜드 상품 소비로 연결하는 '문화-경제 연동 모델'을 구축해야 한다.

문화 경제 시대, 한국은 선두에 설 수 있다

문화는 힘이다. 사람들의 감정을 움직이고, 인식을 바꾸며, 행동을 이끌어 낸다. 문화 콘텐츠는 국경을 넘고, 언어의 장벽을 허물며, 경제적 파급 효과를 창출한다. 문화 경제 시대, 한국은 가장 앞서 있는 나라 중 하나다.

그러나 지금의 성공에 안주할 수는 없다. 문화 콘텐츠 산업을 진정한 국가 성장 동력으로 키우기 위해서는 더 과감한 투자와 더 정교한 전략, 그리고 더 긴 호흡의 인재 양성이 필요하다. K-브랜드는 세계를 사로잡을 힘을 가지고 있다. 이 힘을 산업 전체로 확장하고, 지속 가능한 경쟁력으로 만드는 것이 과제다.

이제는 문화가 부가적 산업이 아닌 주력 산업이 되어야 한다. 문화로 세계를 움직이는 나라, 브랜드로 세계를 설득하는 나라. 한국이 그 주인공이 될 수 있다. 문화 콘텐츠와 K-브랜드 세계화, 그것은 한국 경제의 새로운 황금길을 여는 일이다.

07 관광·의료·교육 수출 산업화

서비스 산업, 새로운 성장 엔진이 필요하다

21세기 경제는 제조업 중심에서 서비스 산업 중심으로 빠르게 이동하고 있다. 첨단 제조업이 여전히 중요한 역할을 하지만, 경제 성장과 고용 창출의 중심축은 점점 서비스 산업으로 옮겨 가고 있다. 특히 관광, 의료, 교육 등 고부가 가치 서비스 산업은 국가 브랜드를 높이고, 안정적 외화 수입을 창출하는 전략 산업으로 주목받고 있다.

한국은 제조업 강국의 위상을 구축했지만, 서비스 산업 경쟁력은 여전히 선진국 대비 낮은 편이다. 관광객 1인당 소비, 의료 관광 수익, 해외 유학생 유치 규모 등 주요 지표에서 일본, 미국, 유럽, 심지어 동남아 일부 국가에도 밀리고 있는 상황이다. 고부가 가치 서비스 산업을 키우지 않고서는 경제 체질 전환도, 일자리 문제 해결도, 지속 가능한 성장도 어렵다.

특히 관광, 의료, 교육 산업은 단순한 서비스 제공을 넘어 한국이라는 국가 브랜드 전체를 강화하는 파급력을 가진 분야다. 이제는 이들 산업을 '내수 지원 산업'이 아니라 '수출 전략 산업'으로 인식하고 본격적인 육성에 나서야 할 때다.

한국 관광·의료·교육 산업의 현실과 과제

관광 산업은 한류 붐과 함께 빠르게 성장했지만, 여전히 과제도 많다. 우선 외국인 관광객 1인당 소비액이 낮고, 재방문율이 높지 않다. 서울과 일부 대도시에 관광이 편중되어 있고, 지역 관광 활성화는 미흡하다. 관광 콘텐츠의 다양성과 고급화, 체험형 상품 개발이 절실하다.

의료 산업은 세계적 수준의 의료 기술을 보유하고 있음에도, 의료 관광 시장 점유율은 기대에 못 미친다. 의료 비용 투명성, 외국인 환자 전용 서비스, 의료-관광 연계 상품 개발이 부족하고, 비자 발급이나 보험 처리 등 행정 절차도 복잡하다. 의료 기관 간 협력 부족과 마케팅 역량 한계도 문제다.

교육 산업은 한류와 한국어 붐 덕분에 관심이 높아지고 있지만, 여전히 유학생 유치 경쟁에서 미국, 영국, 호주 등에 밀리고 있다. 대학의 글로벌 경쟁력, 외국인 학생 지원 시스템, 학위 과정 다양성 등에서 한계가 있다. 한국 유학을 매력적으로 만드는 종합 전략이 부족하다.

세 산업 모두, 글로벌 스탠더드에 맞춘 서비스 품질 향상, 규제 개선, 마케팅 혁신이 필요하다. 단순히 "오세요!"를 외칠 것이 아니라 철저히 고객 중심, 시장 중심으로 사고하고 움직여야 한다.

관광·의료·교육 수출 산업화를 위한 전략

세 산업의 수출 산업화를 위해서는 다음과 같은 전략적 접근이 필요하다.

첫째, 프리미엄 관광 전략을 강화해야 한다. 대규모 단체 관광객 유치에만 의존하지 말고, 고부가 가치 개별 관광객FIT: foreign individual tourists 시장을 겨냥해야 한다. 럭셔리 관광, 메디컬 관광, 테마 관광(예술, 스포츠, 자연 등)을 활성화하고, 지역 특화 관광 상품을 개발해야 한다.

둘째, 의료 관광 생태계를 재설계해야 한다. 고급 의료 서비스(암 치료, 미용 성형, 척추·관절 전문 치료 등)를 중심으로 외국인 환자 유치 전략을 구체화하고, 의료 기관, 숙박, 관광, 보험, 법률 서비스를 통합한 '의료 관광 패키지'를 본격 추진해야 한다. 비자 절차 간소화, 의료 통역 인프라 확충도 필수다.

셋째, 교육 산업 글로벌화를 가속해야 한다. 외국인 유학생 유치를 국가 전략으로 삼고, 외국어 강의 확대, 글로벌 학위 프로그램 개설, 유학생 취업 연계 프로그램을 강화해야 한다. 한국어 교육,

한국 문화 교육과 연계한 새로운 교육 콘텐츠도 개발해야 한다.

넷째, 통합 플랫폼과 글로벌 마케팅을 구축해야 한다. 관광, 의료, 교육 서비스를 통합한 국가 브랜드 플랫폼을 운영하고, 디지털 마케팅을 강화해 글로벌 시장을 적극적으로 공략해야 한다. 'Visit Korea', 'Study in Korea', 'Medical Korea' 같은 캠페인을 연계해 시너지 효과를 높여야 한다.

서비스 수출 강국, 한국의 새로운 도약

관광, 의료, 교육 산업은 단순한 서비스 산업이 아니다. 그것은 한국 경제의 미래 성장 동력이고, 국가 브랜드 가치를 끌어올리는 전략 자산이다. 제조업과 함께 서비스 산업을 수출 산업으로 키워야 한국 경제는 다시 한번 도약할 수 있다.

특히 이들 산업은 고용 창출 효과가 크고, 지역 경제 활성화에도 직접적인 기여를 한다. 수도권과 지방의 균형 발전, 청년 일자리 창출, 글로벌 네트워크 확장 모두에 긍정적 영향을 미칠 수 있다.

지금 필요한 것은 작은 시도나 미봉책이 아니다. 대대적인 전략 전환과 민관의 총력전이다. 관광, 의료, 교육을 한국 경제의 '제2 수출 산업'으로 육성하자. 그리고 이 새로운 산업 전략을 통해, 세계 속의 대한민국을 다시 한번 빛내자.

08 공공 조달의 혁신과 민간 연계 전략

공공 조달, 숨겨진 산업 정책의 힘

공공 조달은 정부와 공공 기관이 필요한 재화나 서비스를 구매하는 행위다. 겉으로는 단순한 구매 활동처럼 보이지만, 실상은 국가 산업 정책과 경제 전략을 이끄는 강력한 수단이다. 전 세계적으로도 선진국들은 공공 조달을 통해 자국 산업을 육성하고, 혁신을 촉진하며, 사회적 가치 실현을 추진해 왔다.

미국은 '바이 아메리칸Buy American' 정책을 통해 자국 제조업을 지원하고, 유럽 연합EU은 공공 조달을 혁신 창업과 녹색 전환의 핵심 도구로 활용하고 있다. 일본도 조달 시장을 자국 중소기업 육성과 신산업 진흥의 장으로 적극적으로 활용해 왔다.

한국 역시 매년 GDP의 약 7~8퍼센트 규모에 해당하는 막대한 공공 조달 예산을 집행하고 있다. 그러나 그동안 공공 조달은 '절차 중심', '최저가 낙찰' 관행에 갇혀 있어, 산업 혁신이나 민간 경제 활력 제고라는 본래 기능을 충분히 발휘하지 못했다.

이제는 공공 조달을 단순한 구매 행위가 아닌 전략적 산업 정책 수단으로 전환해야 한다. 혁신 기업 육성, 중소기업 지원, 디지털 전환, 탄소 중립 실현 등 국가적 목표를 뒷받침하는 '스마트 조달 체계'로 재구성해야 할 때다.

한국 공공 조달의 문제점과 한계

현재 한국 공공 조달 시스템은 여러 구조적 문제를 안고 있다.

첫 번째는 절차 지상주의다. 공정성과 투명성을 강조한 나머지, 실질적 성과보다는 형식적 절차 준수에 과도하게 집중하는 경향이 있다. 이로 인해 혁신적 제품이나 서비스를 가진 기업이 과거 실적 부족 등을 이유로 입찰 자체에 참여하기 어려운 경우가 많다.

두 번째는 최저가 낙찰 관행이다. 가격을 기준으로 낙찰자를 결정하는 구조는 품질 혁신을 저해하고, 저가 경쟁을 부추긴다. 결과적으로 저부가 가치 산업만 양산하고, 혁신형 기업과 스타트업의 참여를 어렵게 만든다.

세 번째는 민간과의 연계 부족이다. 공공 조달이 민간 시장 창출로 연결되지 못하고, 공공 부문 안에서만 순환되는 경우가 많다. 특히 중소기업이나 지역 기업이 조달을 통해 성장하고 민간 시장으로 확장하는 선순환 구조가 약하다.

네 번째는 디지털화·스마트화의 부족이다. 여전히 수기 문서, 오프라인 절차 중심인 부분이 많고, 인공 지능, 빅 데이터 기반의 스마트 조달 시스템 구축은 초기 단계에 머물러 있다. 조달 과정의 효율성, 투명성, 혁신성을 높이기 위해 디지털 전환이 절실하다.

공공 조달 혁신과 민간 연계 전략

공공 조달을 산업 혁신과 경제 활성화의 도구로 전환하기 위해 다음과 같은 전략이 필요하다.

첫째, 혁신 조달 제도를 전면 확산해야 한다. 정부가 기술력은 있으나 시장이 없는 신기술 제품을 우선 구매해주는 '혁신 시제품 구매 제도', 공공 기관이 문제를 제시하고 민간이 솔루션을 제안하는 '공공 문제 해결형 조달R&D 조달'을 대폭 확대해야 한다. 혁신 스타트업과 중소기업이 초기 시장을 확보할 수 있도록 지원해야 한다.

둘째, 품질·성과 기반 평가 체계를 확립해야 한다. 단순 최저가 경쟁을 넘어, 제품·서비스의 품질, 혁신성, 지속 가능성 등을 종합 평가하는 다면적 낙찰 제도를 도입해야 한다. ESG 기준을 공공 조달 평가에 반영하는 것도 효과적이다.

셋째, 조달-민간 시장 연계 프로그램을 강화해야 한다. 공공 조달을 통해 검증된 제품·서비스가 민간 시장으로 빠르게 확산될 수 있도록 별도 지원 체계를 마련해야 한다. 예를 들어 조달 성공 제품에 대해 인증을 부여하고, 국내외 전시회, 온라인 플랫폼을 통한 마케팅을 지원하는 방식이 있다.

넷째, 조달 디지털화를 가속해야 한다. 조달 전 과정에 블록체인, 인공 지능, 빅 데이터 분석 등을 도입해 투명성과 효율성을 높여야 한다. 데이터 기반 조달 전략 수립, 조달 시장 분석, 입찰 과정의 공정성 확보를 위해 스마트 조달 플랫폼을 구축해야 한다.

전략적 조달, 한국 경제를 다시 뛰게 한다

공공 조달은 숨겨진 성장 엔진이다. 그것을 어떻게 활용하느냐에 따라 한국 경제의 역동성과 혁신성은 크게 달라질 수 있다. 단순한 행정 업무로서의 조달이 아닌 전략적 산업 정책 도구로서의 조달로 전환할 때, 새로운 성장의 길이 열린다.

특히 스타트업, 혁신형 중소기업, 지역 기업들에 초기 시장을 열어 주고, 기술 혁신의 생태계를 키우며, 사회적 가치를 확산시키는 데 공공 조달은 결정적 역할을 할 수 있다. 조달을 혁신하면 경제가 살아난다. 조달을 전략화하면 민간이 뛴다.

이제는 조달의 의미를 다시 정의해야 한다. 가격을 낮추는 수단이 아닌 가치를 창출하는 투자로서의 조달. 민간 혁신을 촉진하고, 국가 경쟁력을 높이는 조달. 이것이 21세기 대한민국이 선택해야 할 '새로운 조달 전략'이다.

09 산업 정책과 기술 정책의 통합 설계

산업과 기술, 따로 갈 수 없는 시대

산업 정책과 기술 정책은 한때 별개의 영역처럼 다뤄졌다. 산업은 생산과 시장을 다루고, 기술은 연구 개발과 혁신을 다룬다는 인식이 지배적이었다. 그러나 디지털 대전환과 초격차 경쟁 시대에 접어든 지금, 산업과 기술을 분리해서 생각하는 것은 시대착오적이다. 기술이 산업의 미래를 규정하고, 산업이 기술의 상업화를 견인하는 구조가 명확해졌기 때문이다.

4차 산업 혁명, 탄소 중립, 디지털 전환 등 거대한 변화의 흐름은 산업과 기술의 결합을 요구한다. 인공 지능, 반도체, 바이오, 에너지, 로봇, 모빌리티. 이 모든 분야에서 기술 혁신 없이는 산업 경쟁력이 존재할 수 없다. 반대로 시장 수요와 산업 생태계 없이 기술은 살아남을 수 없다.

그런데도 한국은 여전히 산업 정책과 기술 정책을 별개의 부처, 별개의 전략으로 추진하는 경향이 강하다. 산업부, 과기정통부, 중기부 등 부처 간 조정 부족, 정책 목표 불일치, 예산 중복 등 비효율이 빈번하게 발생한다. 이대로는 글로벌 경쟁에서 살아남을 수 없다. 산업과 기술을 통합적으로 설계하고 운영하는 패러다임 전환이 절실하다.

산업 정책·기술 정책 분리의 부작용

산업 정책과 기술 정책이 따로 노는 구조는 다양한 부작용을 낳는다.

첫 번째는 혁신과 상업화 간 단절이다. 연구 개발 성과가 실제 산업 현장에 적용되기까지 연결 고리가 약하다. 기술 개발은 활발하지만, 상용화와 사업화로 이어지는 비율은 낮고, 글로벌 시장에서 경쟁력 있는 제품이나 서비스로 완성되는 경우는 드물다.

두 번째는 투자와 지원의 비효율성이다. 산업부는 산업 육성을, 과기정통부는 기초·응용 연구를 지원하지만, 상호 연계 없이 각자 예산을 집행하다 보니 중복 투자나 사각지대가 발생한다. R&D 자금은 흩어지고, 전략적 집중이 어렵다.

세 번째는 전략 부재다. 기술과 산업을 하나의 비전 아래 통합적으로 설계하지 않으면, 글로벌 기술 패권 경쟁에 대응할 수 없다. 반도체, AI, 바이오, 에너지 등 분야별 전략이 일관성을 갖지 못하고, 민간 기업들은 혼란에 빠지게 된다.

네 번째는 규제·표준·인프라 정책과의 단절이다. 기술 정책은 연구 개발만, 산업 정책은 생산만 보는 관행 속에서, 신산업에 필요한 규제 개혁, 글로벌 표준 대응, 시장 조성 전략이 종합적으로 설계되지 못한다. 결국 혁신 속도가 떨어지고, 시장 선점 기회를 잃게 된다.

산업-기술 통합 설계 전략

산업과 기술을 통합 설계하기 위해서는 다음과 같은 전략적 접근이 필요하다.

첫째, 국가 산업 기술 전략을 일원화해야 한다. 산업 정책과 기술 정책을 별개로 수립하지 말고, '산업 기술 통합 로드맵'을 구축해 미래 유망 산업과 핵심 기술을 함께 정의하고, 투자·규제·인력·표준 전략을 패키지로 설계해야 한다.

둘째, 부처 간 칸막이를 허물고 협업 시스템을 강화해야 한다. 산업부와 과기정통부, 중기부, 교육부 등이 공동으로 전략을 수립하고, 예산을 조정하는 통합 거버넌스를 구축해야 한다. 주요 산업·기술 과제별로 공동 태스크 포스를 운영하고, 성과를 공동으로 관리하는 체계를 마련해야 한다.

셋째, 기술-산업 연계 R&D 체계를 강화해야 한다. 기초 연구부터 응용 연구, 시제품 개발, 사업화 지원까지 이어지는 '밸류 체인형 R&D'를 설계하고, 기업 수요에 기반한 미션형 연구 개발을 적극적으로 확대해야 한다. 스타트업, 중소기업이 연구 개발에 참여할 수 있도록 문턱도 낮춰야 한다.

넷째, 인재 양성과 규제 혁신까지 통합해야 한다. 산업 기술 통합 전략에는 인재 양성 로드맵(대학, 직업 교육, 재교육 포함)과 규제 개혁 계획(신산업 규제 샌드박스, 글로벌 표준 선점 전략 등)도 함께 포함해야 한다. 기술과 산업을 연결하는 인프라를 완성해야 한다.

기술이 산업을 만들고, 산업이 기술을 키운다

산업과 기술은 이제 따로 갈 수 없는 관계다. 기술이 미래 산업을 규정하고, 산업은 기술의 상용화를 촉진하며, 두 축이 맞물려야 글로벌 경쟁에서 이길 수 있다. 통합적 전략 없이는 초격차도, 신시장 창출도, 미래 일자리도 기대할 수 없다.

한국은 반도체, 디스플레이, 이동 통신 등에서 산업-기술 연계 전략으로 세계를 놀라게 한 경험이 있다. 그 성공을 다시 반복하려면, 과거 방식으로는 안 된다. 훨씬 더 빠르고 치밀하게, 통합적이고 전략적으로 움직여야 한다.

산업 정책과 기술 정책의 통합 설계—이것이 바로 21세기 대한민국 경제 전략의 핵심이다. 기술이 산업을 만들고, 산업이 기술을 키우는 선순환을 구축할 때, 한국은 다시 세계를 선도할 수 있다. 이제는 분리의 시대를 끝내고, 통합의 시대를 열어야 한다.

10   민·관·학 혁신 생태계의 재구축

혁신은 생태계에서 나온다

혁신은 단일 주체의 노력만으로 만들어지지 않는다. 기업이 뛰어난 아이디어를 내더라도 이를 발전시키고 확산시키기 위해서는 정부의 정책적 지원, 대학과 연구 기관의 기초 연구, 민간의 자본과 시장이 유기적으로 결합해야 한다. 세계 최고의 혁신 국가로 꼽히는 미국, 독일, 핀란드 등의 사례는 모두 '민·관·학 협력 생태계'를 기반으로 하고 있다.

한국 역시 산업화와 정보화 시대에 민·관·학 협력의 힘을 경험한 바 있다. 그러나 최근 들어 그 생태계는 점점 경직되고 단절되어 가고 있다. 민간은 정부 규제와 제약에 불만을 품고, 정부는 민간의 책임 회피를 경계하며, 대학은 산업 수요와 동떨어진 연구에 머무르는 경우가 많다. 서로를 신뢰하지 못하는 구조, 각자도생하는 구조에서는 혁신이 움트기 어렵다.

디지털 대전환, 탄소 중립, 초고령 사회, 글로벌 공급망 재편이라는 거대한 도전에 직면한 지금, 한국은 민·관·학 혁신 생태계를 다시 설계하고 재구축해야 한다. 혁신은 개인이 아닌 시스템에서 나오고, 시스템은 신뢰와 협력 속에서만 작동한다.

민·관·학 혁신 생태계의 문제점

한국의 민·관·학 혁신 생태계는 몇 가지 구조적 문제를 안고 있다. 첫 번째는 협력의 피상성이다. 민·관·학 협력이라고 하지만, 실제로는 일회성 프로젝트나 형식적 협약에 그치는 경우가 많다. 깊이 있는 공동 연구, 공동 기획, 공동 사업화가 드물다. 서로 다른 목표와 언어를 가진 주체들이 진정한 파트너십을 이루지 못하고 있다.

두 번째는 관 주도의 경직성이다. 정부가 주도하는 사업 구조에서는 민간의 자율성과 창의성이 충분히 발휘되지 못한다. 정부는 과제를 정하고, 예산을 배분하며, 결과를 평가하지만, 민간은 단순한 사업 수탁자로 전락하는 경우가 많다.

세 번째는 산학 협력의 약화다. 대학과 연구 기관이 산업계 수요와 괴리된 연구를 수행하거나, 기초 연구에만 치우쳐 실용화와 상업화까지 이어지지 않는 경우가 많다. 산학 협력단은 행정적 기능에 머물고, 실제 기술 이전과 창업 지원은 미약하다.

네 번째는 혁신 자본과 창업 생태계의 미성숙이다. 대학이나 연구 기관의 기술이 창업으로 이어지는 비율이 낮고, 초기 창업기업에 대한 자본 공급과 성장 지원 체계가 취약하다. 벤처 캐피털, 엔젤 투자자, 액셀러레이터 등 혁신 자본 생태계가 산업 전반에 충분히 뿌리내리지 못했다.

민·관·학 혁신 생태계 재구축 전략

이러한 한계를 극복하고 진정한 혁신 생태계를 구축하기 위해서는 다음과 같은 전략적 접근이 필요하다.

첫째, 민간 주도형 협력 체계를 강화해야 한다. 정부는 방향성과 지원 인프라를 제공하되, 세부 기획과 실행은 민간과 대학에 맡겨야 한다. 정부는 조정자facilitator 역할에 집중하고, 민간의 창의성과 역동성을 최대한 이끌어 내야 한다.

둘째, 산학 협력을 실질화해야 한다. 대학과 연구 기관은 산업계 수요를 반영한 공동 연구 개발, 공동 기술 개발을 활성화하고, 실험실 창업Lab-to-Market 프로그램을 확대해야 한다. 기업 인턴십, 현장 기반 프로젝트 등을 통해 인재 양성에서도 산학 연계를 강화해야 한다.

셋째, 혁신 자본 생태계를 촉진해야 한다. 정부가 직접 투자하는 방식을 넘어, 민간 벤처 캐피털, 기업 주도형 벤처 캐피털CVC: corporate venture capital, 크라우드 펀딩 등을 활성화하고, 초기 단계 스타트업의 위험을 분담할 수 있는 정책 금융 장치를 마련해야 한다. 특히 대학과 연구 기관 출신 기술 기반 스타트업에 대한 지원을 강화해야 한다.

넷째, 공동의 성과 공유 메커니즘을 구축해야 한다. 민·관·학 협력의 결과가 모두에게 실질적 이익을 가져다줄 수 있도록, 특허권 공유, 수익 분배, 스핀오프 창업 인센티브 등을 명확히 제도화해야 한다. 투명성과 공정성을 확보해야 지속 가능한 협력이 가능하다.

혁신의 물길을 다시 터야 한다

민·관·학 혁신 생태계 재구축은 단순한 제도 개선이 아니다. 그것은 한국 경제의 미래를 위한 생존 전략이다. 초불확실성 시대에는 빠르고 유연한 혁신만이 생존을 보장한다. 그리고 그런 혁신은 혼자서는 결코 이룰 수 없다. 민간의 역동성, 정부의 지원과 조정, 학계의 지식과 인재 양성이 유기적으로 연결될 때 비로소 가능하다.

지금은 서로를 믿고, 함께 미래를 설계할 때다. 정부는 민간을 통제할 것이 아니라 신뢰하고 지원해야 하고, 민간은 정부를 단순한 재원 공급처로 볼 것이 아니라 전략적 파트너로 삼아야 하며, 대학은 산업과 사회의 변화를 능동적으로 받아들여야 한다.

혁신은 흐름이다. 막히면 썩고, 흘러야 생동한다. 민·관·학 혁신 생태계. 이 거대한 물줄기를 다시 터야 한다. 그것이 대한민국 경제가 다시 세계를 향해 나아갈 수 있는 유일한 길이다.

제4부

금융과 시장
- 공정성과 투명성 복원

금융 공공성과 시장 효율성의 균형을 맞추고, 사모 펀드·보험사고 방지책을 강화해야 한다. 기업 지배 구조 개선, ESG 경영 정착, 금융 소비자 보호 시스템 혁신이 절실하다. 디지털 자산 제도화, 지역 금융 활성화, 금융 감독 기관 독립성 강화로 신뢰받는 금융 생태계를 구축해야 한다.

01 금융 공공성과 시장 효율성의 균형

금융은 경제의 혈관이다

 금융은 경제의 혈관이다. 자본이 필요한 곳에 돈이 흐르게 하고, 생산과 소비, 투자와 저축을 연결하는 금융 시스템이 제대로 작동해야 경제가 건강하게 순환한다. 금융이 고장 나면 기업은 투자할 수 없고, 가계는 소비할 수 없으며, 국가는 성장할 수 없다. 경제의 활력은 결국 금융의 활력에 달려 있다.
 그런데 금융은 특성상 순수한 시장 논리만으로 운영되기 어렵다. 정보의 비대칭성, 외부 효과, 시스템 리스크 등 시장 실패 가능성이 상존하기 때문이다. 그래서 금융에는 공공성이 필요하다. 금융 기관은 단순한 이윤 추구 집단이 아니라 사회 전체의 경제적 안정과 발전을 책임지는 역할까지 동시에 수행해야 한다.
 문제는 공공성과 시장 효율성 사이의 균형을 어떻게 맞출 것인가 하는 것이다. 공공성만 강조하면 관치 금융, 도덕적 해이로 흐르고, 시장 효율성만 강조하면 금융 약탈, 양극화, 시스템 리스크가 커질 수 있다. 이 두 축을 조화롭게 설계하고 운영하는 것이 금융 정책의 핵심 과제다.

한국 금융의 왜곡과 문제점

한국 금융은 오랫동안 공공성과 시장 효율성 사이에서 균형을 잡지 못하고 흔들려 왔다. 그 결과 금융 시스템 곳곳에 왜곡과 문제점이 누적되어 있다.

첫 번째는 관치 금융의 잔재다. 금융 기관의 인사, 대출, 투자 결정에 정부의 영향력이 여전히 깊게 작용하는 경우가 많다. 이는 금융 기관의 자율성과 책임 경영을 저해하고, 정치적 논리에 따른 자원 배분 왜곡을 초래한다.

두 번째는 시장주의의 오남용이다. 1997년 외환 위기 이후 금융 자유화와 시장주의를 급격히 도입하면서, 금융 기관들이 이익 극대화에 치중하는 경향이 강해졌다. 그 결과 금융 소외, 금융 불평등, 금융 사고가 빈발하고, 서민과 중소기업은 여전히 금융 접근에 어려움을 겪고 있다.

세 번째는 시스템 리스크 관리의 취약성이다. 2008년 글로벌 금융 위기 이후 금융 시스템의 안정성 강화 노력이 있었지만, 부동산 금융, 사모 펀드, 디지털 자산 등 새로운 영역에서는 여전히 관리 사각지대가 존재한다. 잠재적 리스크가 커지는 데 비해 감독과 규제는 뒤따르지 못하고 있다.

 네 번째는 금융 소비자 보호의 미흡이다. 금융 상품은 갈수록 복잡해지고 있지만, 금융 소비자 보호 장치는 여전히 취약하다. 금융 사기, 불완전 판매, 정보 비대칭 문제로 인해 소비자가 피해를 입는 사례가 끊이지 않는다.

공공성과 시장 효율성의 균형 전략

 금융의 공공성과 시장 효율성을 균형 있게 조율하기 위해서는 다음과 같은 전략이 필요하다.

 첫째, 금융 기관의 자율성과 책임을 강화해야 한다. 정부는 금융 기관 운영에 직접 개입하기보다는, 금융 시장의 공정성과 투명성을 보장하는 규칙을 정하고 감독하는 역할에 집중해야 한다. 금융 기관은 자율적으로 경영하되, 그 결과에 대해 철저히 책임을 지는 구조를 만들어야 한다.

 둘째, 사회적 가치 기반 금융을 확산해야 한다. 단순히 수익성을 넘어, 금융 기관이 환경environment, 사회social, 지배 구조governance 등 사회적 책임을 고려하는 경영을 하도록 유도해야 한다. 이를 위해 ESG 금융 활성화, 지속 가능 투자 확대, 사회적 금융 생태계 조성이 필요하다.

 셋째, 시스템 리스크 관리를 혁신해야 한다. 기존 은행, 보험, 증권 중심의 감독 체계에서 벗어나, 부동산 금융, 사모 펀드, 디지털 자산 등 새로운 리스크를 포괄적으로 감시하고 관리하는 '거시 건전성 감독' 체계를 강화해야 한다. 금융 감독 당국의 전문성과 독립성도 대폭 높여야 한다.

넷째, 금융 소비자 보호 체계를 정비해야 한다. 금융 상품 설명 의무 강화, 금융 소비자 권리 고지 의무화, 집단 소송제 도입 등 소비자 보호 장치를 강화하고, 금융 범죄에 대한 엄정 대응과 피해 구제 시스템을 촘촘히 구축해야 한다.

금융의 신뢰 회복이 경제를 살린다

금융은 신뢰가 생명이다. 금융 기관 간, 금융과 기업 간, 금융과 소비자 간 신뢰가 있어야 돈이 돌고, 투자와 소비가 이루어지며, 경제가 성장할 수 있다. 금융에 대한 신뢰가 무너지면 아무리 좋은 정책도, 아무리 많은 돈도 경제를 살릴 수 없다.

공공성과 시장 효율성은 대립하는 개념이 아니다. 둘은 서로 보완하면서 금융 시스템을 건강하게 만드는 쌍둥이 축이다. 공공성을 잃은 시장은 탐욕과 부패에 빠지고, 시장 기능을 무시한 공공성은 비효율과 낭비를 초래한다.

이제 한국 금융은 새로운 균형을 찾아야 한다. 자율과 책임, 혁신과 안정, 경쟁과 보호가 조화를 이루는 금융 시스템을 구축해야 한다. 그것이 바로 한국 경제의 체질을 건강하게 하고, 미래의 지속 가능한 번영을 열어 가는 길이다. 금융의 신뢰 회복. 이것이 한국 경제 새판 짜기의 시작이자 핵심이다.

02 사모 펀드·보험 등 금융 사고 방지 대책

금융 사고, 신뢰를 무너뜨리는 치명적 위협

금융 산업의 핵심은 신뢰다. 돈을 맡기고, 투자하고, 보험에 가입하는 모든 행위는 금융 기관에 대한 신뢰를 전제로 한다. 그러나 최근 몇 년간 한국 금융권에서는 잇따른 대형 금융 사고가 발생하며 이 신뢰가 심각하게 흔들리고 있다.

라임자산운용, 옵티머스자산운용 등 사모 펀드 사태는 수만 명의 투자자에게 수조 원대 손실을 안겼다. 일부 생명보험사와 손해보험사들은 불완전 판매, 부당한 보험금 지급 거부 등으로 금융 소비자들의 분노를 샀다. 사모 펀드뿐만 아니라 파생 결합 펀드DLF: derivative linked fund, 종신보험, 변액보험 등 다양한 상품 영역에서도 금융 사고가 끊이지 않았다.

이러한 사건들은 단순한 '사고'가 아니다. 감독 부실, 내부 통제 실패, 불완전 판매 관행, 부적절한 리스크 관리 등 금융 시스템 구조적 결함이 쌓인 결과다. 금융 사고는 단기적 손실에 그치지 않는다. 금융 기관에 대한 신뢰 붕괴는 금융 시장 전반의 불안으로 이어지고, 이는 곧 경제 전체의 위험 요소로 작용한다.

사모 펀드·보험 사고의 구조적 원인

사모 펀드와 보험 사고의 공통된 구조적 원인은 다음과 같다.

첫 번째는 규제 사각지대의 존재다. 사모 펀드는 '전문 투자자 대상'이라는 이유로 공모 펀드보다 느슨한 규제를 적용받았다. 그러나 실제로는 고위험 상품을 불특정 다수에게 판매하는 경우가 많았다. 보험도 복잡한 상품 구조와 정보 비대칭성 때문에 소비자가 제대로 이해하지 못하는 상태에서 판매되는 일이 빈번했다.

두 번째는 금융 회사의 내부 통제 실패다. 이익 추구에만 몰두하면서 리스크 관리, 윤리적 책임, 소비자 보호에 소홀했다. 특히 일부 판매사들은 수수료 수익을 극대화하기 위해 고객의 이해관계를 무시하고 상품을 권유했다.

세 번째는 감독 당국의 안일한 대응이다. 사후 적발 중심, 신고주의에 의존하는 감독 체계는 사전 예방에 실패했다. 금융 상품 설계, 판매 과정에서의 불완전 판매 가능성에 대해 적극적 모니터링과 개입이 부족했다.

네 번째는 금융 소비자 보호 인식의 부족이다. 금융 기관과 금융 당국 모두 '소비자는 알아서 책임져야 한다'는 태도가 강했다.

금융 상품의 위험성, 수수료 구조, 불이익 가능성에 대한 충분한 정보 제공과 소비자 이해 증진 노력은 턱없이 부족했다.

금융 사고 방지를 위한 대책

금융 사고를 근본적으로 줄이기 위해서는 다음과 같은 종합 대책이 필요하다.

첫째, 고위험 상품에 대한 사전 심사와 등록제를 강화해야 한다. 사모 펀드, 복합 금융 상품, 변액보험 등 고위험 상품은 판매 전에 금융 당국의 심사와 승인을 받도록 하고, 판매 대상과 판매 방식을 엄격히 규제해야 한다. 특히 '전문 투자자' 요건을 강화하고, 실제 투자자의 이해 수준을 정확히 평가해야 한다.

둘째, 금융 기관 내부 통제를 혁신해야 한다. 내부 통제 시스템 구축을 의무화하고, 형식적 시스템이 아니라 실질적 리스크 관리가 작동하도록 감독해야 한다. 내부 통제 실패에 대해 경영진에게 실질적 책임을 묻는 제도도 강화해야 한다.

셋째, 금융 감독 방식을 선제적·상시 모니터링 체계로 전환해야 한다. 사후 적발이 아닌 사전 경고와 위험 신호 포착에 초점을 맞춘 감독 체계를 구축해야 한다. AI, 빅 데이터 분석 등 첨단 기술을 활용해 이상 징후를 조기에 감지하고, 선제적으로 조치할 수 있도록 해야 한다.

넷째, 금융 소비자 보호 체계를 대폭 강화해야 한다. 금융 상품 판매 시 핵심 정보 제공을 의무화하고, 설명 의무 위반에 대한 처벌을 강화해야 한다. 소비자가 금융 상품을 쉽게 비교·분석할 수 있는 공공 플랫폼을 구축하고, 집단 소송제 도입 등 소비자 구제 수단도 확대해야 한다.

신뢰 없는 금융은 존재할 수 없다

금융 사고는 단순히 개별 금융 기관의 실패가 아니다. 그것은 금융 산업 전체에 대한 신뢰를 무너뜨리고, 경제 체제의 근본을 위협하는 중대한 위험이다. 금융이 경제의 혈관이라면, 금융 사고는 그 혈관을 썩게 만드는 질병이다.

사모 펀드 사태, 보험 피해 사태는 결코 과거의 일이 아니다. 지금 제대로 대책을 세우지 않으면 언제든 더 큰 금융 위기로 이어질 수 있다. 규제 사각지대 해소, 내부 통제 강화, 감독 혁신, 소비자 보호 강화. 이 네 축을 동시에 추진해야 한다.

금융은 신뢰 위에 세워진 산업이다. 신뢰를 잃으면 금융은 존재할 수 없고, 금융 없는 경제는 지속될 수 없다. 지금 필요한 것은 미봉책이 아니라 근본적 체질 개선이다. 금융 사고 방지는 한국 금융의 미래를 위한 가장 기본적이고도 시급한 과제다.

03 기업 지배 구조 개선과 주주권 강화

지배 구조는 기업의 운명을 가른다

기업의 성패는 단순히 제품이나 서비스의 경쟁력에 달려 있지 않다. 그보다 더 근본적으로, 누가 어떻게 기업을 지배하고 경영하는가, 즉 '지배 구조'에 달려 있다. 투명하고 책임 있는 지배 구조는 기업의 장기 성장과 가치 창출을 이끄는 반면, 불투명하고 전근대적인 지배 구조는 기업을 부패시키고 결국 시장 신뢰를 무너뜨린다.

세계 유수의 글로벌 기업들은 모두 강력한 지배 구조 혁신을 통해 시장 신뢰를 얻고 지속 가능한 성장을 이룩했다. 애플, 마이크로소프트, 삼성전자 등은 오너 중심 체제든 전문 경영인 체제든, 투명한 지배 구조와 강력한 이사회, 독립적 감사 기능을 강화하는 방향으로 진화해 왔다.

그러나 한국 기업의 지배 구조는 아직 갈 길이 멀다. 일부 대기업 집단은 여전히 소수 오너 일가에 의한 과도한 경영권 집중, 순환 출자와 지주 회사 체계의 복잡한 지배 구조, 이사회 독립성 부족 같은 문제를 안고 있다. 중소·중견 기업에서도 사적 경영, 친인척 중심 경영 관행이 쉽게 사라지지 않고 있다.

이제는 지배 구조 개혁 없이는 글로벌 시장에서 신뢰받을 수 없다. 지배 구조 혁신은 단순한 윤리 문제가 아닌 한국 기업의 생존 전략이자 국가 경쟁력의 핵심 과제다.

한국 기업 지배 구조의 문제점

현재 한국 기업 지배 구조가 안고 있는 구조적 문제는 다음과 같다.

첫 번째는 소수 지분으로 과도한 경영권 행사다. 일부 대기업 집단은 5퍼센트 미만의 지분으로 사실상 그룹 전체를 지배하고 있다. 이는 소액 주주 권익을 침해하고, 기업의 장기 가치를 경시하는 경영을 유발할 수 있다.

두 번째는 이사회 독립성 부재다. 사외 이사 제도가 도입되었지만, 여전히 경영진과 오너에게 우호적인 인사들로 채워지는 경우가 많다. 이사회가 경영진 견제와 감시 기능을 제대로 수행하지 못하고 '거수기'로 전락하는 일이 반복되고 있다.

세 번째는 불투명한 소유·지배 구조다. 순환 출자, 지분 교차 보유, 복잡한 지주 회사 구조 등으로 인해 실질적 소유권과 경영권 구조가 불투명하다. 이는 투자자들에게 불확실성을 주고, 시장 신리를 훼손한다.

네 번째는 주주권 행사 문화의 미성숙이다. 기관 투자자와 소액 주주 모두 주주권을 적극적으로 행사하기보다는 수동적으로 대응하는 경우가 많다. 주주 총회 참여율이 낮고, 경영진에 대한 견제 기능이 미약하다.

지배 구조 개선과 주주권 강화 전략

지배 구조를 근본적으로 개선하고 주주권을 강화하기 위해 다음과 같은 전략이 필요하다.

첫째, 소유와 경영의 분리를 강화해야 한다. 소수 지분으로 그룹 전체를 지배하는 구조를 해소하기 위해 순환 출자 금지, 대주주 의결권 제한 등 제도적 장치를 강화해야 한다. 이와 함께 전문 경영인 체제를 활성화하고, 경영 투명성을 높여야 한다.

둘째, 이사회 독립성과 책임성을 강화해야 한다. 사외 이사 선임 절차를 투명하게 하고, 사외 이사 후보 추천 위원회의 독립성을 보장해야 한다. 이사회가 실질적으로 경영진을 견제하고 기업 전략을 심의할 수 있도록 역할을 강화해야 한다. 이사회 내 감사 위원회, 보상 위원회 등의 기능도 충실히 운영해야 한다.

셋째, 주주권 행사 문화를 활성화해야 한다. 기관 투자자들에게 적극적 주주권 행사 의무 stewardship code를 부여하고, 소액 주주들의 주주 제안권, 의결권 대리 행사권 등을 실질적으로 보장해야 한다. 주주 총회 전자 투표제 활성화, 주주 총회 집중일 분산 등 제도 개선도 병행해야 한다.

넷째, 기업 지배 구조 공시와 평가를 강화해야 한다. 기업들은 지배 구조 관련 정보를 투명하게 공시하고, 시장과 투자자들은 이를 근거로 기업 가치를 평가할 수 있어야 한다. 정부와 민간이 협력해 지배 구조 평가 시스템을 정비하고, 우수 기업에 대한 인센티브를 제공해야 한다.

투명한 지배 구조, 지속 가능한 성장의 기초

지배 구조 개혁은 단순히 기업 이미지 개선을 위한 작업이 아니다. 그것은 기업의 생존을 위한 필수 전략이며, 국가 경제의 지속 가능한 성장 기반을 구축하는 일이다. 불투명하고 폐쇄적인 지배 구조는 단기적 이익을 얻을 수 있을지 몰라도, 결국 시장의 신뢰를 잃고 기업 가치를 훼손한다.

반대로 투명하고 책임 있는 지배 구조를 갖춘 기업은 위기에도 강하고, 장기적으로 안정적 성장을 이룰 수 있다. 글로벌 투자자들은 이제 재무제표만 보는 것이 아니라 기업의 지배 구조와 사회적 책임까지 꼼꼼히 평가한다.

한국 기업이 글로벌 무대에서 존경받는 기업으로 거듭나기 위해서는 지배 구조 혁신이 필수다. 주주권 강화, 이사회 독립성 제고, 소유-경영 분리, 투명한 공시. 이 모든 과제를 차근차근 실천해야 한다. 투명한 지배 구조, 강한 주주권. 이것이 한국 경제가 다시 세계를 향해 도약하는 토대가 될 것이다.

04   ESG와
사회 책임 금융의 정착

시대가 요구하는 새로운 금융 패러다임

과거 금융의 핵심 기준은 오직 수익성과 안정성이었다. 누가 더 많은 이익을 내고, 누가 더 낮은 리스크로 자산을 운용하는가가 금융 기관과 투자자들의 최우선 관심사였다. 그러나 이제 금융의 기준은 바뀌고 있다. 수익성과 안정성만으로는 충분하지 않다. 환경, 사회, 지배 구조, 즉 ESG를 고려하는 사회 책임 금융이 새로운 글로벌 스탠더드가 되고 있다.

ESG는 단순한 유행이 아니다. 기후 변화, 인권 문제, 부패 리스크 등 글로벌 리스크가 현실화되면서, 투자자와 소비자는 기업이 어떤 가치를 추구하는지, 사회에 어떤 영향을 미치는지를 본격적으로 따지기 시작했다. 금융 기관 역시 이제는 돈을 어디에 투자하는가, 어떤 기업을 지원하는가가 그 자체로 평가 대상이 되고 있다.

ESG를 무시하는 기업과 금융 기관은 자본 시장에서 점점 외면받게 될 것이다. 반대로 ESG를 적극적으로 실천하는 기업과 금융 기관은 신뢰를 얻고, 지속 가능한 성장을 이룰 수 있다. 금융권은 지금, '이윤만 추구하는 시대'에서 '가치도 함께 창출하는 시대'로 대전환해야 한다.

한국 금융권의 ESG 추진 현황과 한계

한국 금융권도 ESG를 외치고는 있다. 대형 은행, 보험사, 자산운용사들은 앞다투어 ESG 전담 부서를 설치하고, 지속 가능 경영 보고서를 발간하고 있다. 녹색 채권 발행, 탄소 중립 금융 선언, 사회적 금융 상품 출시도 늘어나고 있다.

그러나 현실은 아직 초기 단계에 머물러 있다.

첫 번째 문제는 ESG가 '마케팅 수단'에 그치는 경우가 많다는 점이다. 실질적 사업 모델이나 투자 전략은 변하지 않고, 겉으로만 ESG를 내세우는 '그린워싱greenwashing' 사례가 적지 않다.

두 번째는 ESG 평가 기준의 혼란이다. 각 금융 기관과 평가 기관이 제각각 다른 ESG 기준을 적용하면서, 시장에서는 신뢰성 있는 평가와 비교가 어렵다. 투자자들도 어떤 금융 상품이 진짜 ESG 상품인지 판단하기 힘들다.

세 번째는 ESG 역량 부족이다. 금융 기관 내부에 ESG 전문 인력이 부족하고, ESG 리스크를 체계적으로 분석하고 반영하는 시스템이 미흡하다. 특히 중소형 금융 기관은 ESG를 단순한 부담으로 인식하는 경향이 강하다.

네 번째는 사회 책임 금융의 범위가 협소하다. 환경 이슈에 치우쳐, 사회적 포용이나 지배 구조 개선과 같은 영역은 상대적으로 소홀히 다뤄진다. 종합적이고 균형 잡힌 ESG 전략이 필요하다.

ESG와 사회 책임 금융 정착 전략

ESG와 사회 책임 금융을 한국 금융권에 뿌리내리기 위해 다음과 같은 전략이 필요하다.

첫째, ESG를 경영 핵심에 통합해야 한다. 단순한 홍보 수단이 아니라 금융 기관의 전략 수립, 리스크 관리, 상품 개발, 투자 심사 전 과정에 ESG를 반영해야 한다. 최고 경영진CEO과 이사회 차원의 ESG 리더십이 중요하다.

둘째, ESG 정보 공시를 표준화하고 투명성을 높여야 한다. 금융 기관은 ESG 관련 정책, 투자 현황, 성과를 국제 기준에 맞춰 공시해야 하며, 평가 기관 간 기준 정합성도 높여야 한다. 투자자들은 투명한 정보를 기반으로 금융 기관을 평가하고 선택할 수 있어야 한다.

셋째, 사회 책임 금융 상품을 다양화해야 한다. 녹색 채권, 사회적 채권social bond, 지속 가능 채권sustainability bond 등 특화 금융 상품을 적극적으로 개발하고, 포용 금융(저소득층, 중소기업 지원 금융), 지역 금융 활성화 등 사회적 가치 창출 금융도 확대해야 한다.

넷째, ESG 전문 인재를 양성하고 금융권 전반의 역량을 높여야 한다. ESG 투자 분석, 사회 책임 리스크 평가, 지속 가능 경영 전략 수립 등 전문성을 갖춘 인재를 양성하고, 금융 기관 내부 교육과 리더십 프로그램을 강화해야 한다.

가치를 만드는 금융이 미래를 만든다

수익을 넘어서 가치를 창출하는 금융. 이것이 21세기 금융의 새로운 기준이다. ESG와 사회 책임 금융은 단순히 도덕적 요구가 아니다. 그것은 리스크를 줄이고, 기회를 창출하며, 장기적 경쟁력을 높이는 가장 현실적인 전략이다.

특히 기후 위기, 사회 불평등, 거버넌스 위기가 심화되는 글로벌 환경 속에서, 금융 기관은 더 이상 방관자가 될 수 없다. 금융이 자본의 흐름을 통해 어떤 미래를 선택할 것인지, 사회 전체가 주목하고 있다.

한국 금융도 더는 늦출 수 없다. ESG를 '해야 할 일'이 아니라 '해야만 살아남을 일'로 인식하고, 적극적으로 체질을 바꿔야 한다. 지금 이 전환에 성공하는 금융 기관만이 미래 시장의 승자가 될 것이다. 가치를 만드는 금융, 미래를 여는 금융. 그것이 한국 금융이 가야 할 길이다.

05 혁신 기업을 위한 금융 인프라 구축

혁신은 자본의 뒷받침이 있어야 꽃핀다

혁신 기업은 경제의 성장 엔진이다. 스타트업과 벤처 기업, 중견 혁신 기업들은 새로운 시장을 창출하고, 일자리를 만들며, 산업 구조를 고도화하는 데 결정적 역할을 한다. 그러나 혁신은 단지 좋은 아이디어나 기술만으로 완성되지 않는다. 그것을 사업화하고 확장하려면 무엇보다도 안정적이고 다양한 금융 인프라가 필요하다.

실리콘 밸리의 성공도 단순한 창의성 때문만은 아니었다. 벤처 캐피털, 엔젤 투자자, 정부 보증 프로그램, 상장 시장NASDAQ 등 혁신 기업을 뒷받침하는 건고한 금융 생태계가 있었기에 가능한 일이었다. 반면, 금융이 따라 주지 않는 곳에서는 아무리 뛰어난 아이디어도 시장에서 꽃피우기 어렵다.

한국은 혁신 역량과 기업가 정신 면에서는 세계적 수준에 도달했지만, 혁신 기업을 지원하는 금융 인프라는 여전히 미흡한 부분이 많다. 스타트업들은 초기 투자 유치에 어려움을 겪고, 스케일업

scale-up 단계에서는 성장 자금을 구하지 못해 해외로 떠나는 경우도 적지 않다. 혁신이 싹트고 자라나는 과정을 튼튼하게 뒷받침할 금융 인프라의 재구축이 시급하다.

한국 금융 인프라의 한계

현재 한국 금융 시스템은 혁신 기업을 지원하는 데 여러 가지 구조적 한계를 드러내고 있다.

첫 번째는 초기 단계 투자 부진이다. 엔젤 투자, 시드 투자, 프리 A 라운드 등 극초기 단계에서 기업들이 자금을 확보하기가 매우 어렵다. 대형 벤처 캐피털이나 금융 기관은 상대적으로 리스크가 낮은 후기 투자에 몰리는 경향이 강하다.

두 번째는 스케일업 자금 부족이다. 초기 성공을 거둔 스타트업이 본격적인 글로벌 확장이나 대규모 생산 설비 투자에 나설 때, 대형 자금 유치 채널이 부족하다. 국내에는 메가 펀드나 성장 단계 전문 투자자가 거의 없어 기업들은 해외 자본에 의존하게 된다.

세 번째는 금융 기관의 보수적 관행이다. 은행은 혁신 기업에 대해 담보 부족, 재무 이력 미흡 등을 이유로 대출을 꺼리고, 보험사나 증권사도 신용 평가가 어려운 혁신 기업 투자에 소극적이다. 그 결과, 혁신 기업들은 소수의 벤처 캐피털이나 정부 지원 프로그램에 과도하게 의존하게 된다.

네 번째는 상장 및 회수exit 인프라의 미성숙이다. 코스닥, 코넥스 시장은 활성화되지 못하고 있고, 기업 공개IPO: initial public offering나 M&A를 통한 투자금 회수 경로도 원활하지 않다. 투자자 입장에서는 혁신 기업 투자가 매력적이지 않은 구조가 지속되고 있다.

혁신 기업 금융 인프라 구축 전략

혁신 기업을 위한 금융 인프라를 구축하기 위해서는 다음과 같은 전략적 조치가 필요하다.

첫째, 초기 투자 시장을 활성화해야 한다. 엔젤 투자자 네트워크를 강화하고, 개인 투자 조합KIF, 창업 투자 조합KVIC 등 다양한 형태의 초기 투자 펀드를 확대해야 한다. 초기 투자에 대한 세제 혜택과 투자 손실 보전 제도도 적극 도입해야 한다.

둘째, 스케일업 금융을 본격 구축해야 한다. 대형 벤처 펀드, 성장 단계 전용 펀드, 글로벌 진출 지원 펀드를 조성해 유망 스타트업이 해외 시장을 공략할 수 있도록 대규모 자금을 공급해야 한다. 정책 금융 기관이 민간 자본과 공동 출자하는 방식으로 위험 분산 구조를 만들 필요도 있다.

셋째, 은행과 보험 등 전통 금융 기관의 혁신 기업 금융 참여를 유도해야 한다. 담보 기반 대출 대신 기업 가치 기반 평가(Venture

Debt, IP 담보 대출 등)를 활성화하고, 혁신 기업 전용 보증 프로그램을 확대해야 한다. 금융 기관 내부에 혁신 기업 전문 심사역도 양성해야 한다.

넷째, 상장 및 회수 시장을 혁신해야 한다. 코스닥, 코넥스 시장을 대폭 활성화하고, 혁신 기업 특례 상장 제도를 확대해야 한다. M&A 시장도 활성화해 스타트업이 자연스럽게 엑시트 할 수 있는 경로를 다양화해야 한다. 회수 시장이 활성화되어야 투자도 선순환할 수 있다.

혁신 금융 없이는 혁신 성장도 없다

혁신 기업은 한국 경제의 미래를 여는 열쇠다. 그러나 그들이 자유롭게 꿈꾸고 도전하고 성장할 수 있으려면, 자본의 뒷받침이 있어야 한다. 혁신 금융 없이는 혁신 성장도 없다.

지금까지 한국은 정부 주도의 창업 지원, 소규모 벤처투자에 의존해 왔다. 이제는 민간 주도의 대규모 자본 시장, 글로벌 네트워크를 갖춘 혁신 금융 생태계로 도약해야 한다. 초기부터 스케일업까지 전 주기적 자금 지원, 다양한 회수 경로, 역동적 투자 문화가 함께 구축되어야 한다.

혁신은 금융에서 시작된다. 금융이 혁신을 믿고 투자할 때, 혁신은 더 크고 빠르게 꽃필 수 있다. 한국이 진정한 혁신 경제로 나아가려면 혁신 기업을 위한 금융 인프라 재구축이 최우선 과제다. 자본의 물길을 열어야 혁신의 숲이 자랄 수 있다.

06 금융 소비자 보호와 정보 비대칭 해소

금융의 본질은 소비자 신뢰다

금융은 신뢰의 산업이다. 소비자가 은행에 돈을 맡기고, 보험에 가입하고, 투자 상품을 선택하는 것은 모두 금융 기관을 신뢰하기 때문이다. 그러나 금융 상품은 본질적으로 복잡하고, 위험이 내재되어 있으며, 그 구조와 위험을 소비자가 완전히 이해하기 어려운 특성을 지닌다.

이 때문에 금융은 항상 정보 비대칭information asymmetry 문제를 안고 있다. 금융 기관은 상품의 구조와 위험에 대해 훨씬 더 많은 정보를 가지고 있지만, 소비자는 그렇지 않다. 이 비대칭을 악용해 불완전 판매나 부당한 거래가 발생하면 소비자는 심각한 피해를 입게 되고, 금융 시장 전체의 신뢰도 무너진다.

금융 소비자 보호는 단순히 소비자 개인을 위한 것이 아니다. 그것은 금융 산업 전체의 건전성과 지속 가능성을 위한 토대다. 소비자 보호 없이는 금융의 신뢰가 무너지고, 신뢰 없는 금융은 존재할 수 없다. 금융의 본질은 이익이 아닌 신뢰다.

한국 금융 소비자 보호의 현실과 문제점

한국 금융 시장에서 소비자 보호는 여전히 미흡한 수준이다. 몇 가지 주요 문제를 살펴보면 다음과 같다.

첫 번째는 정보 비대칭성 심화다. 금융 상품은 점점 더 복잡해지고 있지만, 소비자에게 제공되는 정보는 여전히 난해하거나 불완전하다. 상품의 수익 구조, 수수료 체계, 위험 요인 등에 대해 소비자가 쉽게 이해할 수 있도록 설명하는 노력이 부족하다.

두 번째는 불완전 판매 관행이다. 일부 판매자가 소비자의 이해 수준이나 투자 성향을 제대로 고려하지 않고 수수료나 실적에 따라 부적합한 상품을 권유하는 경우가 꽤 있다. 이로 인해 소비자가 본인의 위험 감내 수준을 초과하는 손실을 입는 사례가 반복되고 있다.

세 번째는 피해 구제 시스템의 한계다. 금융 피해를 입은 소비자가 이를 구제받기 위해서는 복잡한 절차를 거쳐야 하고, 시간과 비용 부담이 크다. 분쟁 조정이 장기화되거나, 구제 범위가 제한적이어서 실질적 피해 복구가 어려운 경우가 많다.

네 번째는 금융 교육과 금융 리터러시 부족이다. 많은 소비자가 기본적인 금융 개념조차 이해하지 못한 채 상품을 구매하고 있다.

금융 교육이 학교, 직장, 지역 사회 등에서 체계적으로 이루어지지 않고 있으며, 특히 고령층, 청년층, 취약 계층의 금융 이해력 격차가 심각하다.

금융 소비자 보호 강화 및 정보 비대칭 해소 전략

이러한 문제를 해결하기 위해 다음과 같은 전략적 조치가 필요하다.

첫째, 금융 상품 판매 규제를 강화해야 한다. 모든 금융 상품 판매 시 소비자 적합성(상품이 소비자의 투자 성향과 재무 상황에 적합한지)과 적정성(소비자가 이해할 수 있는 상품인지) 심사를 의무화하고, 이를 위반할 경우 금융 기관과 판매자에 강력한 책임을 물어야 한다.

둘째, 핵심 정보 제공과 설명 의무를 제도화해야 한다. 금융 상품의 구조, 수수료, 리스크에 대한 핵심 정보를 소비자가 쉽게 이해할 수 있는 방식으로 제공하고, 서명이나 녹취 등으로 소비자의 이해 여부를 명확히 확인해야 한다. 복잡한 약관 대신 '핵심 설명서key facts statement' 제공을 의무화할 필요가 있다.

셋째, 금융 분쟁 조정과 집단 소송제를 강화해야 한다. 금융감독원의 분쟁 조정 기능을 강화하고, 분쟁 조정 결정의 구속력을 높여야 한다. 아울러 금융 소비자가 집단으로 손해배상을 청구할 수 있는 집단 소송제를 도입해 피해 구제의 문턱을 낮춰야 한다.

넷째, 금융 교육과 금융 리터러시 제고를 국가 전략으로 추진해야 한다. 초중등 교육 과정에 금융 교육을 의무화하고, 직장인·고령자·자영업자 등 다양한 계층별 맞춤형 금융 교육 프로그램을 제공해야 한다. 디지털 금융 환경에 적응할 수 있도록 디지털 금융 교육도 강화해야 한다.

금융 소비자 보호는 금융 산업의 경쟁력이다

금융 소비자 보호를 강화하는 것은 금융 기관에 대한 규제가 아니라 금융 산업의 경쟁력을 높이는 길이다. 소비자가 안심하고 거래할 수 있는 시장이 있어야 자본이 돌고, 금융 기관도 장기적으로 성장할 수 있다. 단기적 수익을 위해 소비자를 희생시키는 금융은 오래 살아남을 수 없다.

세계적인 금융 선진국들은 모두 금융 소비자 보호를 강력하게 추진하고 있다. 미국은 소비자금융보호국CFPB을 설치해 금융 소비자 권익 보호를 전담하고 있고, 유럽 연합은 금융 상품 시장 지침 MiFID II을 통해 판매 관행을 철저히 규제하고 있다. 한국도 이제 글로벌 스탠더드에 부합하는 소비자 보호 체계를 갖춰야 한다.

금융의 신뢰는 한번 무너지면 복구하기 어렵다. 반대로 신뢰를 쌓는 금융 기관은 위기에도 살아남고, 시장을 선도할 수 있다. 금융 소비자 보호와 정보 비대칭 해소. 이것이야말로 한국 금융이 다시 한번 도약하기 위한 핵심 열쇠다.

07 부동산 금융과 거시 건전성의 조화

부동산 금융, 경제의 양날의 검

부동산 금융은 경제 성장과 가계 부의 축적에 크게 기여해 왔다. 주택 구매를 위한 대출, 부동산 개발 프로젝트를 지원하는 부동산 개발 관련 대규모 대출project financing, 부동산 펀드 등은 경제 활력의 중요한 원천이었다. 특히 한국처럼 부동산이 국민 자산의 상당 부분을 차지하는 나라에서는 부동산 금융이 경제 전반에 미치는 영향력이 더욱 크다.

하지만 부동산 금융은 양날의 검이다. 한편으로는 경제 성장을 견인하지만, 다른 한편으로는 과도한 레버리지와 자산 가격 버블을 초래할 위험을 내포하고 있다. 부동산 가격 상승기에 무분별하게 확대된 대출은 거시 경제의 불안정성을 키우고, 버블 붕괴 시 금융 시스템 전체를 위협할 수 있다.

2008년 글로벌 금융 위기도 미국 부동산 시장의 거품 붕괴와 이를 뒷받침하던 서브프라임 모기지 대출 부실에서 촉발되었다. 한국도 수차례 부동산 과열과 금융 불안을 경험했다. 부동산 금융을 제대로 관리하지 않으면, 경제 전반이 부동산 리스크에 종속되는 구조적 취약성이 심화될 수 있다.

따라서 부동산 금융을 활성화하면서도, 금융 시스템 전체의 건전성과 거시 경제 안정성을 지키는 '조화로운 관리'가 절대적으로 필요하다.

한국 부동산 금융의 구조적 문제

현재 한국 부동산 금융은 몇 가지 심각한 구조적 문제를 안고 있다.

첫 번째는 가계 부채 과잉이다. 한국의 가계 부채는 GDP 대비 100퍼센트를 넘어 세계 최고 수준이다. 이 중 절반 이상이 주택 담보 대출이며, 주택 가격 상승과 맞물려 가계의 부채 부담이 눈덩이처럼 불어났다.

두 번째는 부동산 프로젝트 파이낸싱 리스크다. 부동산 개발 사업에 대한 PF 대출이 은행뿐만 아니라 저축 은행, 캐피털사, 증권사 등 비은행권까지 확산되면서, 관리 사각지대가 형성되었다. 경기 둔화와 금리 인상 국면에서는 부실 위험이 급격히 커질 수 있다.

세 번째는 금융 기관의 리스크 관리 미흡이다. 과거에는 부동산 대출이 상대적으로 안전한 자산으로 간주되어 심사나 리스크 관리가 소홀해지는 경향이 있었다. 하지만 가격 하락기에 들어서면 이러한 안일함이 대규모 부실로 이어질 수 있다.

네 번째는 정책의 단편성과 일관성 부족이다. 부동산 시장 안정과 경기 부양이라는 상충하는 목표 사이에서 정책이 자주 바뀌면서, 시장과 금융 기관에 혼선을 초래했다. 결과적으로 대출 규제와 완화가 반복되면서 거시 건전성 관리가 일관되게 작동하지 못했다.

부동산 금융과 거시 건전성 조화 방안

부동산 금융을 활성화하면서 거시 건전성을 지키기 위해 다음과 같은 전략이 필요하다.

첫째, 가계 부채 총량 관리를 강화해야 한다. 총부채 원리금 상환 비율DSR 규제를 정교하게 설계해 차주의 소득과 상환 능력에 기반한 대출 관행을 정착시켜야 한다. 특히 다주택자, 고액 대출자에 대해서는 보다 엄격한 기준을 적용해야 한다.

둘째, PF 대출 리스크를 체계적으로 관리해야 한다. PF 대출 심사를 강화하고, 사업성 평가를 엄격히 하며, 비은행권 PF 대출에 대한 감독도 대폭 강화해야 한다. 부동산 시장 둔화에 대비한 스트레스 테스트와 사전 대응 체계 구축도 필수적이다.

셋째, 금융 기관의 리스크 관리 역량을 높여야 한다. 부동산 대출 비중이 높은 금융 기관에 대해서는 별도의 건전성 규제(예: 충당금 적립 강화)를 적용하고, 내부 리스크 관리 시스템을 지속적으로 점검해야 한다. 부동산 시장 변화에 따른 신속한 자산 포트폴리오 조정 능력을 키워야 한다.

넷째, 정책의 일관성과 예측 가능성을 높여야 한다. 부동산 시장 규제와 금융 규제는 단기 경기 부양 논리에 휘둘리지 않고, 중장기 거시 건전성 목표에 따라 일관되게 추진되어야 한다. 규제 변화는 충분한 예고와 시장 소통을 통해 충격을 최소화해야 한다.

안정적 부동산 금융이 경제를 지탱한다

부동산 금융은 경제 성장의 중요한 자원이 될 수 있다. 그러나 통제되지 않은 부동산 금융은 위기의 뇌관이 될 수 있다. 안정적이고 지속 가능한 부동산 금융 시스템을 구축하는 것이야말로, 한국 경제가 장기적으로 안정성과 활력을 동시에 추구할 수 있는 길이다.

금융 기관들은 단기적 이익을 좇는 과도한 대출 경쟁을 경계해야 하고, 금융 당국은 시장과 긴밀히 소통하며 선제적 거시 건전성 관리를 강화해야 한다. 가계도 과도한 부채에 의존한 부동산 투자 관행에서 벗어나야 한다.

부동산 금융과 거시 건전성의 조화. 이것이 한국 경제의 새로운 성장 패러다임의 핵심 축이 되어야 한다. 튼튼한 금융, 안정된 부동산 시장, 그리고 지속 가능한 경제. 이 세 가지를 함께 이룰 수 있어야 한다.

08 지역 금융 활성화와 금융 포용성

지역 금융이 살아야 경제가 산다

대한민국 경제는 수도권 집중 현상이 심화되면서 심각한 불균형에 직면해 있다. 인구, 산업, 자본, 인재가 수도권에 집중되는 동안 지역 경제는 쇠퇴하고 있다. 지역 소멸 위기가 현실화되는 지금, 경제 활력을 되살리기 위해서는 무엇보다도 '지역 금융'의 역할을 재정립해야 한다.

금융은 단순한 돈의 흐름을 넘어, 지역의 기업과 주민을 연결하고 지역 사회에 생명을 불어넣는 역할을 한다. 지역 금융 기관이 튼튼하고, 지역 기반 기업과 가계에 필요한 자금을 적시에 공급할 수 있어야 지역 경제가 자생력을 가질 수 있다. 금융이 지역을 외면하면 지역은 고사하고 국가 경제 전체도 흔들린다.

금융 포용성financial inclusion 역시 중요하다. 금융 포용성은 모든 계층, 모든 지역, 모든 산업에 대해 금융 서비스 접근성을 보장하는 것을 의미한다. 금융 포용이 약해지면 양극화가 심화되고, 경제 성장의 과실이 공정하게 분배되지 못한다. 지역 금융 활성화와 금융 포용성 강화는 단순한 경제 정책이 아닌 사회 통합과 지속 가능성의 핵심 과제다.

한국 지역 금융의 현실과 문제점

현재 한국의 지역 금융은 여러 가지 구조적 어려움에 직면해 있다.

첫 번째는 지역 금융 기관의 위축이다. 지방 은행과 지역 소재 중소형 금융 기관들이 수도권 대형 금융 기관과의 경쟁에서 밀리면서, 영업 기반이 약화되고 있다. 일부 지역에서는 금융 기관 점포 폐쇄가 가속화되면서 '금융 공백 지대'가 확대되고 있다.

두 번째는 지역 기업과 가계의 금융 접근성 악화다. 중소기업, 소상공인, 농어촌 주민들은 필요한 자금을 적시에 조달하기 어려운 경우가 많다. 대출 심사가 까다롭고, 금융 비용은 높으며, 혁신 기업이나 청년 창업자에 대한 금융 지원은 여전히 제한적이다.

세 번째는 금융 포용성의 불균형이다. 디지털 전환이 빠르게 진행되면서 고령층, 저소득층, 저신용자, 농어촌 지역 주민들이 금융 소외를 겪고 있다. 금융 기관들은 수익성 위주 영업에 치우쳐 이들을 외면하는 경향이 강하다.

네 번째는 지역 금융 기관의 혁신 부진이다. 디지털 금융 역량,

리스크 관리 능력, 고객 맞춤형 상품 개발 등에서 지역 금융 기관은 수도권 대형 금융 기관에 비해 경쟁력이 떨어진다. 혁신 없이 버티기만 한다면 지역 금융 기관의 생존은 점점 어려워질 것이다.

지역 금융 활성화와 금융 포용성 강화 전략

이러한 문제를 해결하고 지역 금융을 활성화하기 위해 다음과 같은 전략적 접근이 필요하다.

첫째, 지역 금융 기관의 자율성과 경쟁력을 강화해야 한다. 지방은행, 신협, 새마을금고, 농협 등 지역 기반 금융 기관이 독자적으로 혁신하고 성장할 수 있도록 규제를 합리화하고, 디지털 전환과 신사업 진출을 적극적으로 지원해야 한다. 단순히 보호하는 것이 아니라 스스로 경쟁력을 갖추게 해야 한다.

둘째, 지역 기반 중소기업과 소상공인 금융 지원을 확대해야 한다. 지역 기업에 특화된 금융 상품 개발을 장려하고, 창업 초기 기업과 혁신 기업에 대한 대출·투자 지원 프로그램을 활성화해야 한다. 정책 금융 기관과 지역 금융 기관 간 협력 모델도 강화해야 한다.

셋째, 금융 포용성 강화 대책을 체계적으로 추진해야 한다. 농어촌, 고령층, 저소득층 등 취약 계층을 위한 맞춤형 금융 서비스, 디지털 금융 접근성 강화, 금융 교육 확대 등을 추진해야 한다. 디지털 소외 해소를 위한 '금융 디지털 지원 센터' 같은 인프라도 지역

별로 구축해야 한다.

넷째, 지역 금융 생태계를 조성해야 한다. 단순히 금융 기관만 육성할 것이 아니라 지역 투자 펀드, 지역 창업 허브, 지역 산업 단지 금융 지원 등 지역 경제 전체를 아우르는 금융 생태계를 만들어야 한다. 지역 발전과 금융 발전이 선순환하는 구조를 구축해야 한다.

지역과 함께 성장하는 금융을 만들자

지역 금융이 살아야 지역 경제가 살고, 지역 경제가 살아야 국가 경제가 지속 가능하다. 수도권에만 집중된 금융 구조는 결코 건강한 경제 구조가 아니다. 지역 금융 기관이 지역 사회와 함께 성장하고 모든 계층과 산업에 대해 금융 포용을 실현하는 것이야말로 지속 가능한 성장의 길이다.

이제는 금융 기관도 수익성만을 좇는 과거의 관행을 넘어야 한다. 지역과 함께 성장하는 금융, 사회적 가치를 창출하는 금융으로 체질을 바꿔야 한다. 정부 역시 지역 금융 활성화와 금융 포용성을 국가 전략 차원에서 체계적으로 추진해야 한다.

지역은 대한민국의 뿌리다. 그 뿌리를 튼튼히 하는 금융이 필요하다. 금융의 길을 열어야 지역이 다시 뛴다. 그리고 지역이 다시 뛰어야 대한민국 전체가 다시 일어설 수 있다.

09 디지털 자산과 암호 화폐의 제도화

새로운 금융 질서, 디지털 자산의 부상

21세기 금융의 패러다임은 빠르게 변하고 있다. 기존의 은행과 증권 중심 금융 시스템은 여전히 중심축을 이루고 있지만, 그 바깥에서는 디지털 자산이라는 새로운 금융 질서가 빠른 속도로 확장되고 있다. 암호 화폐(가상 자산), 토큰화 자산, 디지털 증권STO: security token offering 등은 이제 더 이상 소수 기술 애호가나 투기 세력의 전유물이 아니다.

비트코인, 이더리움 등 암호 화폐는 일종의 '디지털 금'으로서 자산 포트폴리오의 한 축으로 인식되기 시작했고, 블록체인 기반 금융DeFi은 은행을 통하지 않는 새로운 금융 서비스를 창출하고 있다. 전통 금융권도 디지털 자산 커스터디(수탁), 토큰 증권 발행 등 시장 진입을 서두르고 있다.

디지털 자산은 분명 기회다. 그러나 동시에 위험도 크다. 극심한 가격 변동성, 해킹 위험, 시장 조작, 자금 세탁과 같은 문제는 디지털 자산이 아직 제도권 금융처럼 신뢰를 얻지 못하는 이유다. 따라서 방치하거나 단순히 억제하는 접근이 아니라 제대로 된 제도화와 규율을 통해 건전한 디지털 자산 시장을 육성하는 전략이 필요하다.

한국 디지털 자산 시장의 현실과 문제점

한국은 디지털 자산 분야에서 세계적으로 매우 활발한 시장을 보유하고 있다. 글로벌 암호 화폐 거래량의 상당 비율이 한국 투자자들에 의해 발생하고, 블록체인 기술 개발 역량도 높은 편이다. 하지만 시장 구조와 규제 체계는 여전히 취약하다.

첫 번째 문제는 제도 부재다. 암호 화폐는 법적 자산으로 명확히 규정되어 있지 않고 관련 산업은 금융법, 상법, 민법 등 다양한 법령 사이의 틈새에 놓여 있다. 그 결과 투자자 보호 장치가 미흡하고 거래소 운영, 토큰 발행, 투자자 권리 등이 불투명하게 관리된다.

두 번째는 투자자 보호 미흡이다. 암호 화폐 거래소의 폐업, 해킹, 부실 운영으로 인한 투자자 손실 사례가 빈발하고 있다. 피해를 입어도 법적 보호를 받기 어려운 구조가 여전하다. 특히 '루나-테라 사태'는 한국 시장의 제도적 허점을 적나라하게 드러냈다.

세 번째는 시장 투기성이다. 상당수 투자자는 기술이나 사업성보다는 단기 가격 변동에 따른 투기적 수익을 노리고 디지털 자산에 투자한다. 이로 인해 시장이 과열되거나 급락하는 상황이 반복되고 투자자 피해가 커지고 있다.

네 번째는 글로벌 규제 트렌드와의 괴리다. 미국, 유럽, 일본 등 주요국들은 디지털 자산을 제도권 안으로 편입하려는 다양한 입법과 규제 조치를 추진하고 있지만 한국은 여전히 뚜렷한 규제 프레임워크를 갖추지 못하고 있다.

디지털 자산 제도화 전략

디지털 자산 시장을 건전하게 육성하고 투자자 신뢰를 구축하기 위해 다음과 같은 전략적 조치가 필요하다.

첫째, 디지털 자산 기본법을 제정해야 한다. 암호 화폐를 '가상 자산'으로 규정하고, 자산성, 증권성, 지급성 등을 기준으로 세부 분류하여 각기 다른 규제 틀을 적용해야 한다. 거래소, 커스터디, 발행자 등 주요 시장 참여자에 대한 등록·감독 제도도 마련해야 한다.

둘째, 투자자 보호 체계를 강화해야 한다. 암호 화폐 거래소에 대해 자산 보관 분리, 고객 자산 보호 규정, 거래 투명성 강화 등을 의무화하고, 불공정 거래 행위에 대한 강력한 제재 수단을 도입해야 한다. 투자자에 대한 정보 제공 의무도 대폭 강화해야 한다.

셋째, 디지털 자산과 전통 금융의 연계를 합리적으로 관리해야 한다. 증권형 토큰STO 발행과 거래를 제도화하여 블록체인 기반 자산 유통을 활성화하고, 기존 자본 시장법과 연계된 규율 체계를 마련해야 한다. 은행 등 전통 금융 기관이 디지털 자산 커스터디, 거래소 운영 등에 참여할 수 있도록 제도를 정비해야 한다.

넷째, 국제 공조를 강화해야 한다. 디지털 자산은 국경을 넘나드는 특성을 가지므로, 자금 세탁 방지AML, 테러 자금 조달 방지CFT 기준을 국제 기준에 맞춰 강화하고, 글로벌 규제 트렌드에 발맞춰 제도를 지속적으로 업데이트해야 한다.

디지털 금융 혁신, 그러나 신뢰가 먼저다

디지털 자산은 분명 금융 혁신의 큰 흐름이다. 하지만 혁신을 살리려면 신뢰가 전제되어야 한다. 신뢰 없는 시장은 결국 붕괴하고, 그 피해는 투자자와 경제 전체에 돌아간다.

암호 화폐를 단순히 투기 대상으로만 볼 것이 아니라 새로운 자산군으로서 책임 있게 다루어야 한다. 규제는 무조건적인 억제가 아닌 건전한 시장을 만들기 위한 '질서의 설계'여야 한다. 제대로 된 질서 위에서만 혁신은 살아남고 성장할 수 있다.

디지털 자산과 암호 화폐의 제도화. 이것은 더 이상 미룰 수 없는 과제다. 한국이 디지털 금융 혁신을 선도하고, 글로벌 디지털 자산 허브로 도약하기 위해서는 지금 과감하고 체계적인 제도 정비가 필요하다. 혁신과 신뢰. 이 두 가지를 모두 잡을 때, 디지털 자산의 미래는 열린다.

10 금감원·금융위 역할 재정립과 독립성 강화

금융 시스템 신뢰의 수호자, 감독 기관

금융은 신뢰 위에 세워진 산업이다. 그리고 이 신뢰를 지탱하는 핵심 축이 바로 금융 감독 기관과 정책 당국이다. 감독 기관은 금융 회사의 건전성을 관리하고 소비자를 보호하며, 금융 시장의 공정성과 안정성을 유지하는 임무를 맡고 있다. 정책 당국은 금융 시장의 큰 방향을 설정하고 규제의 틀을 설계한다.

한국에서는 금융감독원의 감독 기능과 금융위원회의 금융 정책 기능이 금융 시스템의 양대 축을 이루고 있다. 하지만 이들 기관의 역할과 책임이 불명확하거나 정치적 이해관계에 휘둘리게 될 경우, 금융 시스템 전체의 안정성과 신뢰성에 심각한 손상이 발생할 수 있다.

금융 산업은 민간의 창의성과 시장 원리에 따라 움직여야 하지만, 동시에 공공적 성격을 갖기에 강력하고 독립적인 감독이 필수적이다. 시장에 대한 과잉 개입은 독이지만, 감독 기관이 무력화되거나 정치화될 경우 시장은 쉽게 무질서와 부패에 빠진다. 그래서 금융 감독 기관과 정책 당국의 역할을 시대 변화에 맞게 재정립하고 독립성과 전문성을 강화하는 작업이 절실하다.

한국 금융 감독·정책 체계의 문제점

현재 한국의 금융 감독과 정책 체계는 여러 가지 구조적 문제를 드러내고 있다.

첫 번째는 감독 기관의 독립성 부족이다. 금융감독원은 법적으로는 민간 법인 형태지만, 현실적으로 금융위원회의 지휘를 받는다. 금융감독원장 인선과 감독 정책은 정치적 영향력에 노출되기 쉽다.

두 번째는 금융 정책과 감독의 기능 혼재다. 금융위원회가 정책 수립과 감독 집행을 동시에 담당하면서, 때로는 정책 목표(예: 경기 부양)와 감독 목표(예: 금융 안정) 사이에 충돌이 발생한다. 감독의 일관성과 전문성이 희생될 수 있다.

세 번째는 금융 사고 대응의 부실이다. 최근 사모 펀드 사태, DLF 사태 등에서 감독 당국은 사전 경고에 실패하고, 사후 대응에서도 혼선을 보였다. 감독 체계가 복잡하고, 책임 소재가 불분명해 신속하고 단호한 대응이 어렵다.

네 번째는 전문성 약화와 관료화 경향이다. 금융 시장의 급변 속도를 감독 기관이 따라잡지 못하고 있으며, 디지털 금융, 핀테크, 디지털 자산 등 신산업에 대한 감독 역량이 크게 부족하다. 경직된 관료적 조직 문화도 문제다.

금감원·금융위 역할 재정립과 독립성 강화 방안

이러한 문제를 해결하고 금융 시장의 신뢰를 회복하기 위해서는 다음과 같은 구조적 개혁이 필요하다.

첫째, 금융감독원의 독립성을 대폭 강화해야 한다. 금융감독원을 금융위원회로부터 독립시켜, 별도의 독립 기관으로 재편하거나, 감독위원회(독립된 위원회 형태) 체제로 전환해야 한다. 원장 인선 과정도 정치적 개입을 차단하고 전문성과 투명성을 중심으로 운영해야 한다.

둘째, 금융 정책과 감독 기능을 명확히 분리해야 한다. 금융위원회는 거시 금융 정책과 금융 산업 육성 정책을 담당하고, 금융감독원(또는 독립된 감독 기구)은 금융 기관 건전성 감독, 소비자 보호, 시장 질서 유지에 전념하도록 역할을 구분해야 한다.

셋째, 감독 기관의 전문성과 대응 역량을 강화해야 한다. 디지털 금융, 인공 지능, 블록체인, ESG 금융 등 신산업에 대한 전문 조직을 확대하고, 민간 전문가 채용을 대폭 늘려야 한다. 관료주의를 탈피하고 유연하고 신속한 대응 체계를 구축해야 한다.

넷째, 금융 시장과의 소통을 제도화해야 한다. 감독 기관은 일방적 규제자가 아닌 시장과 소통하는 파트너로서 역할을 해야 한다. 정기적인 시장 설명회, 금융 기관과의 라운드 테이블, 소비자 단체와의 대화 채널을 상시 운영해야 한다.

강한 감독, 건강한 금융

강한 감독이 있어야 건강한 금융이 가능하다. 독립성과 전문성을 갖춘 감독 기관만이 시장의 탐욕을 견제하고, 소비자를 보호하며, 위기 상황에서도 금융 시스템의 안정을 지킬 수 있다.

금융 기관이 신뢰받기 위해서는 감독 기관이 먼저 신뢰받아야 한다. 감독 기관이 정치로부터 독립하고, 전문성에 기반하여 일관되게 규율을 집행할 때, 금융 시장은 투명해지고 투자자들은 안심하고 자금을 맡길 수 있다.

한국 금융은 세계 최고의 역량을 가질 수 있다. 하지만 그 기반은 강력하고 독립적인 감독 기관, 그리고 분명한 정책·감독 역할 분담에서 출발해야 한다. 지금이야말로 금감원과 기재부의 역할을 시대에 맞게 재정립할 때다. 강한 감독, 건강한 금융. 이것이야말로 한국 경제 새판 짜기의 최후의 관문이다.

제5부

복지·주거·청년
– 지속 가능한 공동체를 위한 사회 정책

    복지는 보호에서 자립으로 전환하고, 국민연금과 건강보험의 지속 가능성을 높여야 한다. 저출산 문제는 가족 친화적 인프라 구축으로 대응하고, 교육 격차 해소와 청년 창업·주거 지원을 통합 추진해야 한다. 고령 사회 대책과 사회적 약자 포용 정책을 강화하며, 데이터 기반 맞춤형 사회 정책 체계를 설계해야 한다.

01 복지 패러다임, 보호에서 자립으로

복지는 보호인가, 자립인가

 복지는 인간다운 삶을 보장하기 위한 사회의 최소한의 약속이다. 굶주림과 병, 실업과 빈곤으로부터 시민을 지켜 주는 것은 현대 국가의 가장 기본적 책무다. 그러나 복지는 단순히 '보호'만을 의미하지 않는다. 복지의 궁극적 목표는 개인이 존엄성과 자율성을 지닌 존재로 자립할 수 있도록 지원하는 데 있다.

 지나친 보호 중심 복지는 수혜자를 수동적 존재로 만들고, 자기 책임과 자발성을 약화시킨다. 반면 자립 지원 중심 복지는 개인의 역량을 키우고, 사회 전체의 생산성과 활력을 높이는 방향으로 작동한다. 이제 복지 패러다임은 단순한 생계 지원을 넘어, 자립을 통한 인간 존엄성 회복으로 진화해야 한다.

 한국 사회는 복지 국가로 나아가는 과정에서 '보호'를 강조해 왔다. 긴급 복지, 기초 생활 보장, 다양한 현금성 지원이 확대되었지만, 자립 촉진 장치는 여전히 미흡하다. 복지가 빈곤의 악순환을 끊어 주는 사다리가 아니라 오히려 '복지 의존'을 심화시키는 덫이 되어서는 안 된다. 이제 패러다임을 바꿀 때다.

한국 복지 정책의 한계와 문제점

현재 한국 복지 정책은 몇 가지 심각한 한계를 노출하고 있다.

첫 번째는 생계 지원 중심의 한계다. 기초 생활 보장 제도, 긴급 복지 지원 제도, 각종 현금성 급여는 단기적 생계 보호에는 기여했지만, 장기적 자립을 위한 역량 개발, 교육 훈련, 취업 지원과의 연계는 부족했다.

두 번째는 복지 사각지대 문제다. 복지 대상자 선정 기준이 지나치게 엄격하거나 경직돼 있어 실제로 지원이 필요한 많은 취약 계층이 제도의 혜택을 받지 못하고 있다. 반면 제도권 안에 들어간 수혜자는 장기 의존 상태에 빠지는 경향이 있다.

세 번째는 복지 전달 체계의 비효율성이다. 다양한 부처와 기관이 복지 서비스를 제공하면서 중복 지원, 사각지대, 행정비용 증가 문제가 발생하고 있다. 복지 수요자 입장에서는 필요한 서비스를 통합적으로 제공받기 어렵다.

네 번째는 수혜자에 대한 부정적 인식이다. 복지 수급자에 대한 사회적 낙인stigma이 여전히 강해 복지 제도를 이용해야 하는 사람들도 심리적 부담을 느낀다. 이는 복지 이용률을 낮추고, 자존감 회복을 저해하는 요인이 된다.

복지 패러다임 전환 전략: 보호에서 자립으로

복지의 본질을 '자립 지원'으로 재설정하기 위해서는 다음과 같은 전략적 전환이 필요하다.

첫째, 복지-고용-교육 연계를 강화해야 한다. 복지 수급자가 단순히 생계비를 받는 데 그치지 않고 교육 훈련, 직업능력 개발, 맞춤형 취업 지원을 통해 자립할 수 있도록 복지 서비스를 설계해야 한다. 기초 생활 보장 제도에서도 '자활 사업'을 대폭 강화해야 한다.

둘째, 복지 전달 체계를 통합하고 효율화해야 한다. 다양한 복지 서비스를 원 스톱으로 제공하는 '복지 허브 센터'를 전국적으로 확대하고, 복지 담당 공무원에게 통합적 상담·연계 기능을 부여해야 한다. 데이터 기반 복지 행정으로 사각지대를 신속하게 파악하고 대응해야 한다.

셋째, 복지 수급자의 자립 의지를 지원하는 인센티브를 설계해야 한다. 일하거나 학업을 지속할 경우 일정 기간 복지 급여를 유지하거나 추가 지원을 제공하는 '일하는 복지' 모델을 적극적으로 도입해야 한다. 자립을 위한 도전이 불이익이 아니라 오히려 보상이 되게 해야 한다.

넷째, 복지에 대한 사회적 인식을 개선해야 한다. 복지는 시혜가 아니라 인간 존엄과 사회 연대의 실현이라는 인식이 확산되어야 한다. 수혜자를 낙인찍는 문화를 극복하고, 누구나 인생의 어느 시점에서 복지의 도움을 받을 수 있다는 인식을 공유해야 한다.

자립하는 복지, 지속 가능한 복지 국가의 길

복지 국가는 약자를 보호하는 사회다. 그러나 더 나아가 약자가 다시 강해질 수 있도록 돕는 사회여야 한다. 단순한 보호를 넘어 자립을 지원하는 복지. 그것이 지속 가능한 복지 국가의 핵심이다.

보호만을 강화하면 복지 지출은 끝없이 늘어나고 사회적 부담은 가중된다. 반대로 자립을 중심에 두면 복지 수요를 줄이고, 사회 전체의 생산성과 활력을 높일 수 있다. 결국, 복지와 성장, 복지와 지속 가능성은 '자립 지원'이라는 가교를 통해 만날 수 있다.

이제 한국 사회도 결단해야 한다. 복지의 목적은 단순히 고통을 덜어 주는 데 그쳐서는 안 된다. 복지는 삶을 다시 일으키는 사다리가 되어야 한다. 보호에서 자립으로, 그리고 자립을 넘어 존엄과 번영으로. 이것이 우리가 지향해야 할 복지 국가의 새로운 길이다.

02 국민연금 개혁
– 지속 가능한 노후 시스템

국민연금, 사회 안전망의 핵심 기둥

 국민연금은 한국 사회 복지 시스템의 핵심 기둥이다. 고령화가 급속히 진행되는 한국 사회에서 국민연금은 노후 소득을 보장하고 경제적 빈곤을 방지하는 가장 중요한 사회 안전망이다. 젊을 때 일한 대가로 노후의 생활을 지탱하는 구조. 국민연금은 단순한 개인의 재정 수단을 넘어 세대 간 계약, 사회적 연대의 상징이다.

 그러나 지금 국민연금은 심각한 위기에 직면해 있다. 출산율 저하, 기대 수명 연장, 보험료 수입 감소와 수급자 증가로 인해 국민연금 기금 고갈이 가시화되고 있다. 현재 제도 그대로라면 2050년을 전후해 기금이 바닥날 것이라는 경고가 나와 있다. 기금이 고갈되면 미래 세대는 더 많은 보험료를 내거나, 훨씬 적은 연금을 받아야 할지도 모른다.

 국민연금 개혁은 미룰 수 없는 과제다. 그러나 현실 정치에서는 개혁이 번번이 미뤄져 왔다. 국민 반발, 세대 갈등, 정치권의 이해관계 때문에 연금 개혁은 '뜨거운 감자'로 남아 있다. 이제 더는 늦출 수 없다. 지속 가능한 노후 시스템을 구축하기 위한 담대한 결단이 필요하다.

한국 국민연금의 구조적 문제

한국 국민연금이 직면한 구조적 문제를 정리하면 다음과 같다.

첫 번째는 급속한 고령화다. 한국은 세계에서 가장 빠른 속도로 고령화가 진행되고 있다. 노령 인구는 늘어나지만 보험료를 납부하는 청장년층은 줄어들고 있어 연금 재정은 악화 일로를 걷고 있다.

두 번째는 낮은 보험료율과 높은 소득 대체율의 불균형이다. 현재 국민연금 보험료율은 9퍼센트로, OECD 평균(18~20퍼센트)의 절반 수준이다. 반면 소득 대체율(연금 수령액이 소득 대비 얼마나 되는지)은 초기 설계 기준으로 70퍼센트에 달했으며, 현재는 점진적으로 낮추고 있으나 여전히 부담이 크다.

세 번째는 재정 지속 가능성 부족이다. 지금 추세라면 2040년대 후반에 국민연금 기금이 고갈되고, 이후에는 세금이나 추가 보험료 인상 없이는 연금 지급이 불가능해질 전망이다. 세대 간 형평성 문제도 심화되고 있다.

네 번째는 제도 설계의 경직성이다. 수급 연령, 보험료율, 급여 수준 등 핵심 파라미터가 경직되어 있어 인구·경제 변화에 탄력적으로 대응하지 못하고 있다. 다양한 직역 연금(공무원연금, 군인연금 등)과의 통합 논의도 지지부진하다.

국민연금 개혁의 방향과 전략

　국민연금을 지속 가능한 제도로 만들기 위해서는 다음과 같은 전략적 접근이 필요하다.
　첫째, 보험료율 인상을 단행해야 한다. 현실을 직시하고, 보험료율을 점진적으로 OECD 평균 수준에 근접시키는 방안을 추진해야 한다. 다만 급격한 인상은 청장년층 부담을 키우므로 소득 증가와 연계한 단계적 인상 로드맵을 마련할 필요가 있다.
　둘째, 소득 대체율을 합리적으로 조정해야 한다. 과거 고소득 대체율 체계는 지속 가능성을 위협한다. 소득 대체율은 사회 평균 소득 대비 40~50퍼센트 수준으로 안정화시키되, 저소득층에 대해서는 별도 보완책(기초연금 강화 등)을 마련해야 한다.
　셋째, 수급 연령을 현실화해야 한다. 기대 수명 연장에 맞춰 연금 수급 개시 연령을 점진적으로 늦추는 것이 불가피하다. 전 세계적으로 수급 연령은 65세를 넘어 67세, 68세로 상향 조정되고 있다. 한국도 장기 로드맵을 갖고 대응해야 한다.
　넷째, 국민 신뢰를 높이기 위한 제도 투명성을 강화해야 한다. 국민연금 운용 현황, 재정 전망, 개혁 시나리오를 국민에게 투명하게 공개하고, 국민적 공론화 과정을 거쳐 합의 기반 개혁을 추진해야 한다. 정부 주도가 아니라 국민 참여형 개혁이어야 한다.

연금 개혁, 미래를 위한 세대 계약

국민연금 개혁은 고통스럽지만 필수적인 과제다. 지금의 세대가 용기를 내지 않으면 미래 세대는 과중한 부담을 떠안고 노후 빈곤이라는 심각한 사회 문제에 직면하게 된다. 연금 개혁은 단순한 정책 조정이 아닌 세대 간의 새로운 계약을 맺는 일이다.

부담을 조금씩 나누고, 혜택을 합리적으로 조정하고, 사회적 신뢰를 회복하는 것. 이것이 연금 개혁의 본질이다. 포퓰리즘에 휘둘려 개혁을 외면할 것이 아니라 정직하게 현실을 설명하고 함께 해법을 찾아야 한다.

지속 가능한 국민연금, 존엄한 노후, 건강한 사회를 위해. 지금 우리가 해야 할 일은 명확하다. 국민연금 개혁은 선택이 아니라 생존의 문제다. 더 이상 미룰 수 없다.

03 건강보험과 의료 개혁의 균형점

건강보험은 생명선이다

건강보험은 국민의 생명과 직결된 사회 안전망이다. 누구나 질병과 사고를 피해 갈 수 없는 인간 조건 속에서, 의료비 부담 없이 치료받을 수 있도록 하는 것은 현대 복지 국가의 기본 책무다. 한국의 건강보험 제도는 세계적으로도 손꼽히는 포괄성과 접근성을 자랑한다. 모든 국민이 하나의 건강보험 체계에 편입되어 있다는 점은 큰 자부심이자 성취다.

하지만 이 건강보험 시스템은 이제 중대한 기로에 서 있다. 급속한 고령화, 의료 기술 발전, 국민 의료 이용 증가로 인해 건강보험 재정이 급격히 악화되고 있다. 의료 서비스의 질 향상과 건강보험 재정의 지속 가능성이라는 두 목표를 어떻게 조화시킬 것인가가 최대 과제가 되고 있다.

건강보험은 단순한 복지 서비스가 아니다. 그것은 생명선이며, 사회 통합의 핵심 기둥이다. 그러나 아무리 좋은 제도도 지속 가능성을 잃으면 유지될 수 없다. 이제 건강보험과 의료 개혁에서 '확대'와 '효율화', '보장성 강화'와 '재정 건전성 확보'라는 균형점을 찾아야 한다.

한국 건강보험과 의료 시스템의 문제점

한국의 건강보험과 의료 시스템은 세계적으로 인정받는 수준이지만, 동시에 심각한 구조적 문제를 안고 있다.

첫 번째는 의료 이용량의 과잉이다. 낮은 본인 부담금과 높은 접근성 덕분에 국민 1인당 외래 진료 횟수는 세계 최고 수준이다. 불필요한 의료 이용이 의료비 증가를 부추기고 있다.

두 번째는 건강보험 재정의 불안정성이다. 보험료 수입보다 지출 증가 속도가 훨씬 빠르다. 고령화로 인한 의료비 급증, 고가 신약과 신의료 기술 도입 확대 등이 재정 악화를 가속화하고 있다. 2020년 이후 적자 폭은 가파르게 증가하고 있다.

세 번째는 의료 공급자의 수익 구조 왜곡이다. 저수가-고용량 구조가 만연해 있다. 진료비가 낮게 책정되어 있어, 의료 기관들은 많은 환자를 진료하거나 비급여 진료를 통해 수익을 보전하려 한다. 이는 의료 서비스의 질 저하와 과잉 진료 문제를 유발한다.

네 번째는 보장성 강화와 재정 건전성 간의 긴장이다. 문재인 정부 시절 '문재인 케어'를 통해 보장성이 크게 강화되었지만, 이에 따른 재정 부담은 충분히 고려되지 않았다. 보장성 강화는 필요하지만, 재정 뒷받침이 없으면 지속 불가능하다.

건강보험과 의료 개혁의 균형점 찾기

건강보험과 의료 시스템을 지속 가능하게 만들기 위해서는 다음과 같은 전략적 접근이 필요하다.

첫째, 의료 이용의 효율성을 높여야 한다. 의료 남용을 줄이기 위해 본인 부담금 체계를 합리화하고, 경증 질환은 1차 의료 기관(동네 의원) 중심으로 관리하도록 유도해야 한다. 진료 정보 교류, 주치의 제도 도입 등 의료 전달 체계를 재정비해야 한다.

둘째, 건강보험 재정의 지속 가능성을 확보해야 한다. 보험료율 조정, 국고 지원 확대, 지출 구조 개선을 통해 재정 안정화를 도모해야 한다. 특히 고비용-저효율 지출을 줄이고, 예방 중심의 건강 관리 서비스를 강화해 의료비 증가 속도를 완화해야 한다.

셋째, 의료 공급자 수익 구조를 정상화해야 한다. 저수가-고용량 구조를 개선하기 위해, 합리적 수가 인상과 동시에 과잉 진료에 대한 관리도 강화해야 한다. 의료 기관 간 경쟁을 의료의 질과 환자 만족도 중심으로 전환할 필요가 있다.

넷째, 보장성과 재정 건전성의 균형을 잡아야 한다. 보장성 강화는 지속되어야 하지만, 재정 건전성을 고려한 점진적 추진이 필요하다. 급여 확대는 비용-편익 분석을 통해 우선순위를 정하고, 고가 신의료 기술은 별도의 평가와 재정 영향 분석을 거쳐 신중히 도입해야 한다.

지속 가능한 건강보험, 모두의 과제

건강보험은 단순히 정부의 정책이 아닌 우리 모두의 공동 자산이다. 국민, 의료인, 정부 모두가 책임감을 갖고 건강보험의 지속 가능성을 지켜야 한다. 무한정 혜택만을 요구하거나 단기 정치 논리에 따라 제도를 설계하는 것은 결국 건강보험의 붕괴로 이어질 것이다.

지속 가능한 건강보험은 고통 분담을 전제로 한다. 이용자의 합리적 이용, 공급자의 책임 있는 진료, 정부의 전략적 관리가 함께 이루어져야 한다. 건강보험은 더 나은 사회를 만드는 기본 인프라다. 지금 우리는 그것을 지키기 위해 현명한 균형점을 찾아야 한다.

확대와 효율화, 보장성과 재정 건전성—이 두 쌍의 긴장을 슬기롭게 조율할 때, 한국은 세계에서 가장 모범적인 건강보험 국가로 거듭날 수 있다.

04 저출산 해법, 가족 친화 인프라 구축

저출산, 생존을 위협하는 국가적 과제

한국은 세계에서 유례를 찾기 어려울 정도로 심각한 저출산 국가가 되었다. 합계 출산율 0.7명대, 자연 인구 감소, 노동력 고령화. 이 모든 수치는 단순한 통계가 아니라 국가의 생존 자체를 위협하는 심각한 경고음이다. 출산율 하락은 경제 성장 둔화, 세수 감소, 복지 재정 악화, 지역 소멸, 군 병력 부족 등 광범위한 사회 문제를 동반한다.

그럼에도 불구하고 지금까지의 저출산 대책은 별다른 성과를 거두지 못했다. 막대한 예산을 쏟아부었지만, 출산율은 반등하지 않았고, 오히려 '출산 장려' 중심 정책이 청년 세대의 반발을 사기도 했다. 결혼과 출산은 개인의 선택이자 권리이며, 단순한 금전적 지원만으로 해결할 수 없는 복합적 문제라는 인식이 늦게야 확산되고 있다.

저출산 해법은 단순한 출산율 숫자를 올리는 것이 아니다. 청년들이 미래를 긍정하고, 안정적으로 가정을 꾸릴 수 있으며, 아이를 키우는 삶이 존중받는 사회를 만드는 일이다. 결국, 핵심은 '가족 친화적 사회 인프라 구축'에 있다.

한국 저출산 문제의 구조적 원인

한국의 저출산 문제는 단순한 경제적 이유만으로 설명할 수 없다. 보다 복합적이고 구조적인 원인이 얽혀 있다.

첫 번째는 주거 불안정이다. 결혼과 출산의 전제 조건인 안정적 주거 마련이 갈수록 어려워지고 있다. 특히 청년 세대는 높은 집값과 전·월세 부담으로 독립이나 결혼을 미루는 경우가 많다.

두 번째는 경력 단절과 일·가정 양립 어려움이다. 특히 여성은 출산과 육아로 인한 경력 단절 위험을 크게 부담해야 하고, 일터에서는 여전히 육아 휴직, 유연 근무제 이용에 눈치를 봐야 하는 문화가 강하다.

세 번째는 과도한 양육비 부담이다. 교육비, 사교육비, 보육비 등 아이를 키우는 데 드는 경제적 부담이 막대하다. 특히 경쟁적 교육 환경은 부모들의 심리적 스트레스까지 가중시키고 있다.

네 번째는 삶의 질과 가치관 변화다. 청년 세대는 개인의 자아실현과 삶의 질을 중시하며, 결혼과 출산을 필수적 인생 목표로 여기지 않는다. 결혼과 출산을 선택할 이유를 사회가 충분히 제공하지 못하고 있는 것이다.

가족 친화 인프라 구축 전략

 저출산 문제를 해결하려면 단기적 금전 지원을 넘어 가족 친화적 사회 인프라를 근본적으로 구축해야 한다.
 첫째, 주거 안정을 최우선 과제로 삼아야 한다. 청년과 신혼부부를 위한 공공 임대 주택 확대, 생애 최초 주택 구입 지원, 전·월세 부담 경감 정책을 대폭 강화해야 한다. 안정적 주거 기반 없이 결혼과 출산은 요원하다.
 둘째, 일·가정 양립 문화를 정착시켜야 한다. 육아 휴직, 출산 휴가, 유연 근무제를 모든 산업·직종에서 자유롭게 사용할 수 있도록 하고, 이를 사용하는 직원에 대한 불이익을 철저히 금지해야 한다. 기업 인센티브 제도도 강화할 필요가 있다.
 셋째, 공공 보육·교육 인프라를 확충해야 한다. 국공립 어린이집, 공공 방과 후 프로그램, 사교육비 경감을 위한 질 높은 공교육 강화 등을 통해 양육비 부담을 획기적으로 줄여야 한다. '아이를 키우기 좋은 사회'라는 신뢰를 구축해야 한다.
 넷째, 사회 전체의 인식 전환을 유도해야 한다. 결혼과 출산을 개인의 자유로운 선택으로 존중하면서도, 가족을 꾸리고 아이를 키우는 삶이 사회적으로 존중받고 지원받는 문화적 분위기를 만들어야 한다. 이를 위해 언론, 교육, 기업, 지역 사회가 함께 노력해야 한다.

저출산 극복, 가족 친화 사회로 가는 길

저출산은 단순히 인구 문제가 아니다. 그것은 '사회가 얼마나 살 만한 곳인가'를 가늠하는 거울이다. 지금 청년 세대가 결혼과 출산을 포기하는 것은 그들이 게으르거나 이기적이어서가 아니다. 미래를 긍정할 수 없는 사회, 아이를 키우기 힘든 사회 구조가 그들을 떠밀고 있는 것이다.

따라서 저출산 해법은 출산을 강요하는 것이 아니라 삶을 긍정할 수 있는 사회를 만드는 데 있다. 주거 안정, 일가정 양립, 양육비 부담 경감, 삶의 질 향상. 이 모든 요소가 유기적으로 맞물려야 한다.

가족 친화 사회는 저출산 문제 해결을 넘어, 모두에게 더 나은 삶을 보장하는 사회다. 청년이 희망을 품고, 아이가 웃으며 자라고, 부모가 존중받는 사회. 이것이 저출산 극복의 진정한 해법이다.

05 공공 주거·임대 정책의 구조 개편

주거는 권리다, 시장의 논리에만 맡길 수 없다

주거는 인간의 기본권이다. 안정적인 거처 없이 존엄한 삶을 영위할 수 없으며, 주거 불안은 가계 불안, 교육 불평등, 사회적 단절 등 다양한 문제를 낳는다. 그러나 현실 속 주거는 오랫동안 '시장'에만 맡겨져 왔다. 수요와 공급, 가격 경쟁에만 의존한 결과, 주거는 기본권이 아니라 투기의 대상이 되었고, 주거 불평등은 점점 심화되었다.

특히 청년, 신혼부부, 저소득층, 고령자 등 취약 계층은 시장 기반 주거 시스템에서 제대로 보호받지 못하고 있다. 급등하는 집값, 전·월세 불안정, 불투명한 임대 시장 구조는 이들의 삶을 위협하고 있다. '자산 불평등'이 '주거 불평등'을 통해 세습되고, 이는 다시 사회 계층 이동성을 가로막는다.

주거를 시장의 힘에만 맡겨 둘 수 없다. 공공이 적극적으로 개입해 주거 안정망을 구축하고, 취약 계층을 위한 주거권을 보장해야 한다. 단순히 공급량을 늘리는 것을 넘어, 공공 주거의 질과 지속 가능성을 함께 고려한 구조적 개편이 필요하다.

한국 공공 주거·임대 정책의 문제점

현재 한국의 공공 주거·임대 정책은 여러 한계를 드러내고 있다.

첫 번째는 공급의 양과 질 불균형이다. 그동안 공공 임대 주택은 물량 확보에만 집중해 왔고, 주거 환경의 질이나 입지, 사회 통합적 가치 등은 충분히 고려되지 않았다. '공공 임대 = 열악한 주거'라는 인식이 고착화된 이유다.

두 번째는 다양한 수요를 반영하지 못하는 단일형 공급이다. 청년, 신혼부부, 고령자, 장애인 등 다양한 주거 수요에 맞춘 맞춤형 임대 주택 공급이 부족하다. 획일적 평형과 구조, 생활 편의성 부족이 문제다.

세 번째는 임대 주택의 사회 통합 기능 약화다. 공공 임대 주택 단지가 사회 경제적 취약 계층만 밀집된 형태로 조성되면서, 오히려 '주거지 격리residential segregation'를 심화시키는 역효과를 낳고 있다.

네 번째는 임대 시장 관리의 부실이다. 전·월세 가격 급등, 깡통 전세, 불법 임대업 등 임대차 시장의 혼란에 대해 공공이 적시에 개입하지 못했다. 임차인 보호 장치도 여전히 미흡하다.

공공 주거·임대 정책 구조 개편 전략

주거를 기본권으로 보장하고 사회 통합을 이루기 위해서는 공공 주거·임대 정책의 근본적 구조 개편이 필요하다.

첫째, '질 높은 공공 주거'를 대규모로 공급해야 한다. 단순히 수량을 늘리는 것을 넘어, 입지, 주거 환경, 커뮤니티 시설 등 질적 요소를 강화해야 한다. 공공 임대 주택이 '차선'이 아니라 '선택할 만한 대안'이 되게 해야 한다.

둘째, 수요 맞춤형 공공 주거 모델을 확산해야 한다. 청년을 위한 셰어 하우스형 주택, 신혼부부를 위한 육아 친화형 주택, 고령자를 위한 케어 연계형 주택 등 다양한 형태의 맞춤형 임대 주택을 적극적으로 개발해야 한다. '1인 가구 시대'에 맞춘 소형 주택 공급도 중요하다.

셋째, 사회 통합형 주거 전략을 추진해야 한다. 공공 임대와 민간 분양, 다양한 소득 계층이 섞여 사는 '소셜 믹스' 모델을 활성화하고, 지역 커뮤니티 활성화 프로그램을 함께 운영해야 한다. 주거를 통한 사회 통합을 활발히 추구해야 한다.

넷째, 임대차 시장의 투명성과 안정성을 높여야 한다. 전·월세 신고제, 임대차 계약서 표준화, 임차인 권리 강화 정책을 정착시키고, 임대차 시장의 불법·편법 행위에 대한 감시와 처벌을 강화해야 한다. 주택 임대 관리업을 활성화해 임대 주택 관리의 질도 높여야 한다.

주거 정의를 세우자

주거는 상품이기 이전에 권리다. 안정적인 주거가 보장될 때 사람들은 미래를 설계할 수 있고, 사회는 지속 가능한 활력을 가질 수 있다. 주거를 투기와 불평등의 수단이 아닌 인간 존엄과 공동체 정신의 토대로 삼아야 한다.

공공 주거와 임대 정책은 그 핵심에 있다. 시장이 놓치는 부분을 공공이 책임지고, 사회적 약자가 배제되지 않도록 설계하며, 모두가 품위 있게 살아갈 수 있는 기반을 제공해야 한다. '가진 자'의 권리만이 아니라 '사는 자'의 권리를 보장하는 주거 정의正義를 실현해야 한다.

주거 정책은 단순히 공급과 수요의 문제가 아니다. 그것은 어떤 사회를 만들 것인가에 대한 선택이다. 한국은 이제 주거 정책의 대전환에 나서야 한다. 주거 불안 없는 사회, 누구나 삶을 꿈꿀 수 있는 사회. 그것이 우리가 가야 할 길이다.

06 교육 격차 해소와 기회의 평등

교육은 개인과 사회를 바꾸는 힘이다

교육은 개인에게는 기회의 사다리이고, 사회에는 미래를 준비하는 토대다. 제대로 된 교육을 통해 개인은 삶의 질을 높이고, 사회는 인재를 양성하여 경제와 문화를 발전시킨다. 교육은 평등을 넘어 정의를 실현하는 가장 중요한 수단이다. 누구나 가정 환경이나 지역, 경제적 배경과 무관하게 꿈을 키울 수 있어야 한다는 믿음은, 현대 민주 사회가 공유하는 핵심 가치다.

그러나 한국 사회에서 교육이 더 이상 기회의 평등을 보장하지 못하고 있다는 지적이 갈수록 커지고 있다. 교육 격차는 단순한 성적 차이를 넘어, 삶의 가능성과 사회적 이동성의 차이를 낳고 있다. 부모의 경제력이 자녀의 교육 성취를 결정하고, 이는 다시 사회적 불평등을 심화시키는 악순환 구조를 만들어 내고 있다.

교육이 더는 공정한 사다리가 아닌 부의 대물림을 고착화하는 수단이 되는 사회. 이것은 한국 사회의 지속 가능성을 위협하는 심각한 구조적 위기다. 교육 격차를 해소하고 진정한 기회의 평등을 실현하는 것은 단순한 교육 정책이 아니라 한국 사회 전체를 살리는 길이다.

한국 교육의 격차와 불평등 현실

한국 교육은 세계적으로 높은 학력 수준과 교육열을 자랑하지만, 그 이면에는 심각한 격차와 불평등이 존재한다.

첫 번째는 경제적 배경에 따른 학업 성취 격차다. 가정 소득 수준이 높을수록 사교육 투자 여력이 크고, 이는 학교 성적, 입시 경쟁력, 대학 진학률에 큰 차이를 만든다. 상위권 대학 입학생 중 고소득층 비율이 압도적으로 높은 현실이 이를 보여 준다.

두 번째는 지역 간 교육 격차다. 수도권과 비수도권, 대도시와 농어촌 지역 간 교육 인프라와 교육 질 차이는 여전히 크다. 우수 교사 확보, 다양한 프로그램 제공, 학생 수 대비 투자 규모 등 거의 모든 지표에서 지역 간 격차가 벌어지고 있다.

세 번째는 사교육 의존 심화다. 공교육이 학부모와 학생의 기대를 충족하지 못하면서 사교육 시장이 과도하게 팽창했다. 이는 교육비 부담을 키우고, 경제력이 낮은 가정의 자녀가 상대적 박탈감을 느끼게 만든다.

네 번째는 디지털 격차다. 코로나19 팬데믹 이후 온라인 수업과 디지털 학습이 일상화되었지만, 디지털 기기 보급, 인터넷 접근성, 디지털 학습 역량 면에서 계층 간, 지역 간 격차가 심각하게 드러났다.

교육 격차 해소와 기회 평등 실현 전략

교육이 다시 공정한 사다리가 되도록 하기 위해서는 다음과 같은 전략적 접근이 필요하다.

첫째, 공교육 혁신을 통해 사교육 의존도를 줄여야 한다. 학교 교육의 질을 높이고, 창의성·문제 해결 능력·인성 교육을 강화해야 한다. 특히 방과 후 프로그램, 방학 중 캠프 등 다양한 공교육 내 프로그램을 확대해 사교육 수요를 흡수해야 한다.

둘째, 취약 계층 지원을 강화해야 한다. 저소득층, 농어촌 학생, 다문화 가정 학생을 위한 맞춤형 학습 지원 프로그램을 확대하고, 학습 멘토링, 학습 자료 무상 제공, 기초 학력 보장 제도를 강화해야 한다. 장학금, 기숙사 지원 등 실질적 지원도 늘려야 한다.

셋째, 지역 교육 격차 해소를 위한 투자를 대폭 확대해야 한다. 농어촌 지역 학교의 시설 개선, 교원 배치 강화, 지역 거점 대학 육성 등을 통해 교육 인프라를 균형 있게 확충해야 한다. '지역 교육 혁신 지구' 프로젝트를 전국으로 확대할 필요가 있다.

넷째, 디지털 교육 격차를 해소해야 한다. 모든 학생이 양질의 디지털 학습 환경을 누릴 수 있도록 기기 지원, 인터넷 보급, 디지털 리터러시 교육을 강화해야 한다. 디지털 기반 학습 플랫폼을 통해 누구나 원하는 시간에 원하는 학습을 할 수 있는 환경을 조성해야 한다.

공정한 교육, 지속 가능한 사회

교육의 공정성은 단순히 입시 결과의 문제가 아니다. 그것은 한 사회가 얼마나 사람을 존중하고, 기회를 열어 주며, 미래를 준비하는가에 대한 질문이다. 교육 격차를 방치하는 사회는 언젠가 심각한 사회적 대가를 치르게 된다.

공정한 교육 없이는 기회의 평등도, 사회 통합도, 지속 가능한 성장도 불가능하다. 교육을 통해 누구나 노력한 만큼 인정받고, 꿈을 이룰 수 있어야 한다. 그래야 한국 사회는 미래에도 활력을 유지할 수 있다.

이제는 선언이 아니라 실천이 필요하다. 교육 격차를 줄이고, 기회의 평등을 확실히 보장하는 것. 그것이야말로 우리가 미래 세대에게 물려줄 수 있는 가장 소중한 유산이다.

07 청년 정책
– 교육, 창업, 금융, 주거의 통합

청년이 희망을 품을 수 있어야 나라가 산다

청년은 사회의 미래다. 청년이 꿈을 꾸고 도전할 수 있어야 사회는 역동성을 유지하고, 경제는 성장하며, 문화는 발전한다. 그러나 한국 사회의 청년들은 지금 불안과 절망 속에 내몰리고 있다. 취업난, 주거 불안, 소득 격차, 결혼과 출산 포기. 이 모든 문제는 청년 세대를 옥죄고 있다.

청년들의 좌절은 개인의 실패가 아닌 사회 시스템의 실패를 의미한다. 기성세대가 만든 경제·사회 구조 속에서 청년들은 기회를 잃고, 불평등한 출발선에서 끊임없이 뒤처짐을 강요받는다. 이대로 가면 청년 절벽, 국가 존속 위기라는 심각한 결과를 피할 수 없다.

청년 정책은 단편적 지원이나 일회성 이벤트로는 해결되지 않는다. 교육, 창업, 금융, 주거. 청년 삶의 전 과정을 아우르는 통합적 접근이 필요하다. 청년을 시혜의 대상으로 보는 것이 아니라 사회의 주체로 존중하고, 자립과 성장을 위한 시스템을 만들어야 한다.

한국 청년 문제의 현실과 구조적 원인

현재 한국 청년들이 직면한 구조적 문제는 다음과 같다.

첫 번째는 취업 기회의 부족이다. 고학력 청년들이 넘쳐나지만, 양질의 일자리는 제한적이다. 중소기업과 대기업 간 노동 시장 이중 구조가 고착되면서, 청년들은 '괜찮은 일자리'를 얻기 위해 치열한 경쟁에 내몰리고 있다.

두 번째는 창업 환경의 열악함이다. 창업을 장려하는 정책은 많지만 실제로는 창업 초기 자금, 멘토링, 시장 접근 기회 등 실질적 지원이 부족하다. 청년 창업 실패에 대한 사회적 관용도 낮아, 실패하면 재기가 어려운 구조다.

세 번째는 금융 접근성의 제약이다. 청년들은 신용 이력 부족, 담보 자산 부재 등으로 인해 대출이나 금융 지원을 받기 어렵다. 학자금 대출, 생활비 대출 부담이 청년 부채 문제를 악화시키고 있다.

네 번째는 주거 불안이다. 높은 전·월세 가격, 집값 폭등, 불안정한 임대 시장 속에서 청년들은 안정적 주거를 확보하기 어렵다. 주거 불안은 독립, 결혼, 출산까지 전반적인 삶의 계획을 흔들어 놓는다.

청년 정책 통합 설계 전략

청년의 삶을 실질적으로 개선하기 위해서는 교육, 창업, 금융, 주거를 통합적으로 설계하는 전략이 필요하다.

첫째, 실질적 직업 교육과 맞춤형 일자리 매칭 시스템을 구축해야 한다. 대학 교육을 넘어, 산업 현장과 연계된 실전형 교육 프로그램, 취업 연계형 인턴십, 직무 기반 능력 평가 시스템을 강화해야 한다. 대기업-중소기업 간 임금 격차 해소도 중요한 과제다.

둘째, 청년 창업 생태계를 혁신해야 한다. 초기 창업 자금 지원, 창업 실패자 재도전 프로그램, 글로벌 시장 진출 지원, 창업 멘토링 네트워크 구축 등 청년 창업 전 주기 지원 체계를 마련해야 한다. 실패에 대한 사회적 관용 문화도 확산시켜야 한다.

셋째, 청년 금융 지원 체계를 확충해야 한다. 청년 전용 보증부 대출, 신용 점수 대신 성장 가능성 평가를 적용한 금융 상품 개발, 학자금 부채 경감 프로그램 등을 적극적으로 추진해야 한다. 금융 리터러시 교육도 병행하여 금융 자립을 지원해야 한다.

넷째, 청년 주거 안정 프로그램을 대폭 확대해야 한다. 청년 전용 공공 임대 주택 공급 확대, 전·월세 자금 대출 이자 지원, 주거비 보조금 지급, 셰어 하우스 활성화 등 다양한 주거 옵션을 제공해야 한다. 특히 청년 1인 가구를 위한 정책적 배려가 필요하다.

청년을 위한 투자는 국가의 미래에 대한 투자다

청년 정책은 비용이 아니다. 그것은 미래에 대한 투자다. 청년이 희망을 품고 도전할 수 있어야 사회는 활력을 얻고, 경제는 성장하며, 민주주의는 건강해진다. 청년을 잃은 사회는 미래를 잃은 사회다.

따라서 청년 정책은 전면적이고 통합적이어야 한다. 교육, 일자리, 창업, 금융, 주거를 하나의 생애 주기적 흐름으로 보고, 끊김 없이 지원하고 연결해야 한다. 시혜적 복지가 아니라 역량 강화와 자립을 중심에 둬야 한다.

청년에게 필요한 것은 보호만이 아니다. 기회다. 공정한 경쟁의 장, 실패를 딛고 다시 설 수 있는 토양, 꿈을 키울 수 있는 사회적 환경. 이것이야말로 청년들이 바라는 진짜 지원이다.

청년이 다시 꿈꿀 수 있을 때, 대한민국은 다시 꿈꿀 수 있다.

08 고령 사회 대책
– 일자리와 복지의 연결

고령화는 미래가 아니라 현재다

한국은 이미 초고령 사회다. 전체 인구 중 65세 이상 고령자가 20퍼센트를 넘는 초고령 사회에 진입했다. 과거에는 고령화가 '다가올 미래'였지만, 이제는 '진행 중인 현실'이 되었다. 고령화는 단순히 인구 구조의 변화가 아니다. 노동 시장, 복지 제도, 의료 시스템, 지역 사회 구조까지 광범위한 영향을 미치는 사회적 대전환이다.

문제는 고령화 속도가 너무 빠르다는 점이다. 준비할 시간은 짧고, 대응해야 할 과제는 많다. 특히 노후 빈곤 문제가 심각하다. OECD 국가 중 노인 빈곤율이 가장 높은 나라가 한국이다. 은퇴 이후 삶이 곧바로 빈곤으로 연결되는 사회, 그것이 한국 고령 사회의 현실이다.

따라서 고령 사회 대책은 단순한 복지 확대만으로는 충분하지 않다. 일자리와 복지의 연결, 즉 '생산적 복지'로 전환해야 한다. 노인을 무조건 부양의 대상으로 보는 것이 아니라 사회의 일원으로 존중하고, 능동적으로 삶을 영위할 수 있도록 지원하는 전략이 필요하다.

한국 고령 사회 문제의 구조적 원인

한국 고령 사회가 안고 있는 구조적 문제를 정리하면 다음과 같다.

첫 번째는 노후 소득 기반의 취약성이다. 국민연금 수급률은 아직 낮고, 기초연금 등 공적연금만으로는 최소 생계조차 보장하기 어려운 노인이 많다. 사적 준비도 미흡해 많은 고령자가 경제적으로 취약한 상태에 놓여 있다.

두 번째는 고령층 노동 시장 진입의 어려움이다. 60세 이후 일자리는 대부분 저임금, 단기직, 단순노동 위주다. 경력과 전문성을 살릴 수 있는 일자리는 극히 드물고, 고용 안정성도 낮다.

세 번째는 고령자 복지 서비스의 파편화다. 의료, 돌봄, 소득 지원, 주거 지원이 각각 따로 움직이며, 통합적이고 맞춤형 지원이 부족하다. 복지 전달 체계가 노인의 다양한 욕구를 충분히 반영하지 못하고 있다.

네 번째는 지역 사회 기반 약화다. 농촌과 소도시에서는 고령화가 더욱 심각하지만, 지역 기반 돌봄·일자리 시스템이 취약하다.

고립, 우울, 건강 악화 등 사회적 문제가 심화되고 있다.

일자리와 복지를 연결하는 고령 사회 대책

지속 가능한 고령 사회 대응을 위해서는 일자리와 복지를 유기적으로 연결하는 전략이 필요하다.

첫째, 고령자 친화형 일자리를 대폭 확대해야 한다. 단순 노무직에만 한정하지 말고, 경력형 일자리, 전문 재취업 지원, 사회 공헌형 일자리 등 다양한 일자리 모델을 개발해야 한다. 60~70대 고령층도 능력과 건강 상태에 따라 계속 사회 활동을 할 수 있도록 해야 한다.

둘째, 노후 소득 기반을 다층적으로 강화해야 한다. 국민연금 사각지대를 줄이고, 기초연금의 실질적 보장성을 높이며, 퇴직연금·개인연금 활성화를 통해 공적·사적 소득원을 다변화해야 한다. 특히 여성, 자영업자, 단기 근로자 등 취약 계층을 위한 맞춤형 지원이 필요하다.

셋째, 통합적 복지·돌봄 시스템을 구축해야 한다. 건강 관리, 장기 요양, 주거 지원, 사회 참여 프로그램을 통합적으로 제공하는 '노인 복지 통합 플랫폼'을 지역 중심으로 운영해야 한다. ICT 기술을 활용한 원격 돌봄, 스마트 헬스 케어 서비스도 확대해야 한다.

넷째, 지역 사회 기반 고령 사회 대책을 강화해야 한다. 농어촌,

중소도시 지역에 고령자 친화형 커뮤니티 센터, 지역 돌봄 네트워크, 지역형 일자리 프로그램을 조성해야 한다. 고령자도 지역의 주체로 존중받고, 활발히 활동할 수 있어야 한다.

존엄한 노후, 지속 가능한 사회

고령 사회는 결코 비극이 되어서는 안 된다. 긴 생애를 살아온 시민들이 존엄하게, 생산적으로 노후를 보내는 사회. 그것이 진정한 선진국이다. 고령자를 부담이나 비용으로 보는 것이 아니라 삶의 주체로 존중하고 지원해야 한다.

일자리와 복지를 연결하는 전략은 단순히 노인을 위한 정책이 아니다. 그것은 모든 세대가 미래에 대해 희망을 품을 수 있게 만드는 사회 설계다. 나이 들수록 존중받고, 일하고, 기여할 수 있는 사회야말로 진정한 복지 국가다.

한국은 세계에서 가장 빠르게 늙어 가는 나라다. 그러나 동시에 가장 품위 있게 고령 사회를 맞이하는 나라가 될 수 있다. 존엄한 노후, 활력 있는 고령 사회. 이것이 우리가 만들어야 할 미래다.

09 사회적 약자 보호와 포용 정책 설계

사회적 약자를 지키는 것이 사회의 품격이다

한 사회의 품격은 가장 약한 사람을 어떻게 대하느냐에 의해 결정된다. 경제가 성장하고, 기술이 발전하며, 문화가 융성해도, 사회적 약자가 소외되고 고통받는 사회는 진정한 선진사회라 할 수 없다. 장애인, 아동, 노인, 여성, 저소득층, 이주민. 이들은 우리 사회 구성원 중 가장 보호받아야 할 존재들이다.

사회적 약자 보호는 단순한 시혜나 동정이 아니다. 그것은 사회 정의를 실현하고, 공동체를 건강하게 유지하는 데 필수적인 기초다. 약자가 존중받는 사회는 모두가 안심할 수 있는 사회다. 누구나 인생의 어느 순간에는 약자의 입장에 서게 될 수 있다. 사회적 약자 보호는 결국 우리 모두를 위한 안전망이다.

따라서 약자를 보호하고 포용하는 정책은 복지 정책의 주변부가 아니라 핵심이 되어야 한다. 형식적 지원이 아닌 실질적 권리 보장과 자립 지원을 중심으로 포용 정책을 설계해야 한다.

한국 사회의 사회적 약자 정책 문제점

한국 사회의 사회적 약자 보호 정책은 그동안 많은 진전을 이루었지만, 여전히 여러 가지 한계를 드러내고 있다.

첫 번째는 제도는 있으나 실질적 접근성이 낮다는 점이다. 다양한 지원 제도가 존재하지만, 정보 접근성 부족, 복잡한 신청 절차, 차별적 관행 등으로 인해 실제로 필요한 사람이 지원받지 못하는 경우가 많다.

두 번째는 패키지형 지원 부족이다. 사회적 약자 문제는 주거, 교육, 의료, 소득 등 다양한 분야가 얽혀 있다. 그러나 정책은 여전히 부문별로 쪼개져 있어 통합적 접근이 어렵다. 개별 지원만으로는 복합적 문제를 해결하기 힘들다.

세 번째는 낙인 효과 문제다. 사회적 약자 지원이 '특별 대우'나 '시혜'로 비춰지면서, 대상자들이 사회적 편견과 차별에 노출되는 경우가 많다. 이는 수혜자의 자존감 저하와 사회적 배제를 심화시킨다.

네 번째는 자립 지원 시스템의 미비다. 약자를 보호하는 데 그치지 않고, 스스로 삶을 영위할 수 있도록 역량을 강화하고 기회를 제공해야 하지만, 이러한 접근은 여전히 부족하다.

사회적 약자 보호와 포용 정책 설계 전략

사회적 약자 보호를 실질화하고, 포용 사회를 구현하기 위해서는 다음과 같은 전략이 필요하다.

첫째, 접근성과 이용 편의성을 높여야 한다. 지원 제도를 단순화하고, 원 스톱 서비스 체계를 구축해 사회적 약자가 복잡한 절차 없이 필요한 지원을 받을 수 있도록 해야 한다. 디지털 소외 계층을 위한 오프라인 창구도 확대해야 한다.

둘째, 통합형 포용 서비스 모델을 구축해야 한다. 주거, 의료, 교육, 소득, 돌봄을 하나의 패키지로 연계 지원하는 통합 복지 서비스를 도입해야 한다. 특히 복합적 문제를 가진 장애인, 다문화 가정, 한 부모 가정 등에 대해 맞춤형 종합 지원이 필요하다.

셋째, 낙인 없는 지원 체계를 마련해야 한다. 지원 제도를 '권리 기반 접근right-based approach'으로 전환하여 수혜자가 수치심이나 열등감을 느끼지 않고, 당당하게 권리를 주장할 수 있도록 해야 한다. 사회 전체의 인식 개선 캠페인도 병행해야 한다.

넷째, 자립 지원을 강화해야 한다. 직업 훈련, 창업 지원, 교육 기회 제공 등을 통해 사회적 약자가 스스로 경제적 자립을 이룰 수 있도록 지원해야 한다. 보호와 함께 성장의 기회를 제공하는 포용 정책이 필요하다.

모두를 위한 포용 국가로 가는 길

사회적 약자를 위한 정책은 약자만을 위한 것이 아니다. 그것은 모두를 위한 것이다. 사회적 약자가 안심하고 살아갈 수 있는 사회는, 모든 시민이 안심하고 미래를 설계할 수 있는 사회다. 강자가 약자를 짓밟는 사회는 스스로의 기반을 무너뜨리는 사회다.

포용 정책은 한국 사회가 성숙한 민주 국가로 나아가기 위한 필수 조건이다. 약자 보호를 위한 지원, 차별 없는 기회 제공, 자립을 위한 역량 강화. 이 세 가지를 균형 있게 추진해야 한다. 그리고 사회 전체가 약자에 대한 존중과 연대의 문화를 키워야 한다.

우리가 지향해야 할 미래는 강자만이 살아남는 정글이 아닌 모두가 존엄하게 살아갈 수 있는 공동체다. 사회적 약자 보호와 포용 정책은 그 미래를 향한 가장 중요한 발걸음이다.

10 데이터 기반 사회 정책 설계 시스템

데이터는 현대 사회의 새로운 공공재다

21세기 사회는 데이터를 기반으로 움직인다. 과거에는 경험과 직관에 의존하던 사회 정책도 이제는 방대한 데이터를 바탕으로 설계하고 평가해야 한다. 데이터는 단순한 기술적 수단이 아닌 정책의 품질을 좌우하는 핵심 자원이다. 문제를 정확히 진단하고, 효과적인 해법을 제시하며, 결과를 객관적으로 평가하는 모든 과정에서 데이터는 필수적이다.

특히 복지, 주거, 청년, 고령 사회 같은 복합적이고 다층적인 정책 분야에서는 데이터 없이는 실질적 문제 해결이 불가능하다. 정확한 수요 파악, 대상자 선별, 정책 효과 측정, 예산 최적화. 이 모든 과정이 데이터에 기반해야 한다.

데이터는 현대 사회의 공공재public good다. 그것을 얼마나 정확하게 수집하고, 투명하게 관리하며, 지혜롭게 활용하느냐에 따라 한 나라의 정책 경쟁력과 시민 삶의 질이 결정된다. 데이터 기반 사회 정책 설계는 더 이상 선택이 아니라 필수다.

한국 사회 데이터 기반 정책의 현실과 문제점

한국은 세계 최고 수준의 디지털 인프라를 갖추고 있음에도 불구하고, 사회 정책 설계와 집행 과정에서 데이터 활용은 여전히 미흡한 편이다. 몇 가지 주요 문제를 살펴보면 다음과 같다.

첫 번째는 데이터의 파편화다. 복지, 교육, 고용, 주거 등 각 부처와 기관이 별도로 데이터를 관리하면서, 통합적 활용이 어렵다. 부처 간 데이터 공유가 원활하지 않고, 표준화도 되어 있지 않다.

두 번째는 데이터 품질과 신뢰성 문제다. 수집된 데이터가 불완전하거나, 갱신이 늦거나, 정확성이 떨어지는 경우가 많다. 이는 정책 설계의 기초를 흔들고, 잘못된 판단으로 이어질 위험을 높인다.

세 번째는 데이터 분석 역량 부족이다. 많은 공공 기관이 데이터는 보유하고 있지만, 이를 심층 분석하고 정책에 적용할 수 있는 전문 인력이 부족하다. 단순 통계나 지표 제시에 그치는 경우가 대부분이다.

네 번째는 개인 정보 보호와 데이터 활용의 균형 문제다. 데이터 기반 정책을 추진하려면 개인 정보를 일정 부분 활용해야 하지만, 이를 둘러싼 법적·사회적 신뢰 기반이 약하다. 국민의 불안을 해소할 제도적 장치와 소통이 필요하다.

데이터 기반 사회 정책 시스템 구축 전략

정확하고 신뢰할 수 있는 데이터 기반 사회 정책을 설계하기 위해 다음과 같은 전략적 접근이 필요하다.

첫째, 범정부적 데이터 통합 플랫폼을 구축해야 한다. 부처별, 기관별로 흩어진 데이터를 통합·연계하고, 표준화된 형태로 관리해야 한다. 복지, 교육, 고용, 건강, 주거 등 주요 사회 정책 영역에 대한 통합 데이터베이스DB를 구축해야 한다.

둘째, 데이터 품질 관리 체계를 확립해야 한다. 데이터 수집, 정제, 갱신, 검증 과정을 엄격히 관리하여, 고품질 데이터를 지속적으로 확보해야 한다. 가명 처리, 안전한 활용 체계 구축 등 개인 정보 보호 조치도 병행해야 한다.

셋째, 데이터 분석 전문성을 강화해야 한다. 공공 부문에 데이터 과학자, 정책 분석가를 적극적으로 채용하고, 내부 인력 재교육 프로그램을 통해 데이터 분석 역량을 높여야 한다. AI, 머신 러닝 등 첨단 기술을 정책 분석에 적용하는 시도도 확대해야 한다.

넷째, 데이터 기반 정책 평가와 피드백 시스템을 구축해야 한다. 모든 사회 정책은 시행 전후에 데이터 기반 사전 평가와 사후 평가를 의무화하고, 결과에 따라 정책을 수정·보완하는 선순환 구조를 정착시켜야 한다. 이를 통해 '정책 실패' 비용을 최소화할 수 있다.

데이터로 설계하는 더 나은 사회

데이터는 인간을 대신할 수는 없지만, 인간을 더 현명하게 만들 수 있다. 데이터 기반 사회 정책은 더 많은 예산을 쓴다는 의미가 아니라 같은 예산으로 더 많은 사람을 돕고, 더 나은 결과를 만드는 방법이다.

문제를 정확히 보고, 해법을 과학적으로 설계하며, 결과를 객관적으로 평가하는 사회. 그것이 데이터 기반 사회다. 그리고 그것은 시민들의 삶을 더 풍요롭고 공정하게 만들 수 있다.

한국은 디지털 인프라 강국이다. 이제는 그 강점을 사회 정책 설계와 집행에 적극적으로 활용해야 한다. 데이터가 살아 있는 정책, 데이터가 숨 쉬는 복지 국가. 이것이 미래형 대한민국이 나아갈 길이다.

제6부

세계 속의 한국 경제
- 글로벌 전략과 경제 외교

미·중 전략 경쟁 시대, 통상 외교를 강화하고 공급망 자립 전략을 세워야 한다. 탄소 국경세, 디지털세 등 글로벌 경제 규범 변화에 선제 대응하고, 글로벌 인재 유치 및 전략적 이민 정책을 추진해야 한다. 한반도 평화 경제 구상과 세계 시장 다변화를 통해 한국 경제의 글로벌 경쟁력을 높여야 한다.

01 미·중 전략 경쟁 시대의 통상 외교

패권 경쟁 시대, 한국 경제의 거센 파도

21세기 글로벌 경제 질서는 다시 요동치고 있다. 과거 자유무역과 글로벌화의 흐름을 이끌었던 미국과, 급부상한 경제 대국 중국 사이의 전략 경쟁이 전 세계를 새로운 블록화, 탈세계화deglobalization 방향으로 몰아가고 있다. 미·중 간 무역 전쟁, 기술 패권 경쟁, 공급망 재편 움직임은 단순한 경제 분쟁이 아닌 세계 질서 재편의 일환이다.

이 거대한 흐름 속에서 한국 경제는 중대한 시험대에 올라 있다. 한국은 수출 의존도가 높고, 반도체·배터리·디스플레이 등 첨단 산업이 미·중 경쟁의 한복판에 위치한 나라다. 양국 모두와 긴밀한 경제 관계를 맺고 있는 한국으로서는 어느 한 편에 설 수도, 양쪽 모두를 만족시키기도 어려운 극한 상황에 직면해 있다.

이제 통상 외교는 생존 전략 그 자체다. 단순히 시장을 넓히는 문제가 아닌 국가 경제의 존립 기반을 지키는 문제다. 미·중 전략 경쟁 시대에 한국은 지혜롭고 능동적인 통상 외교 전략을 마련해야 한다.

한국 통상 외교의 현실과 도전 과제

현재 한국의 통상 외교는 여러 가지 구조적 도전에 직면해 있다.

첫 번째는 미·중 양자택일 압박이다. 미국은 반도체, 배터리, 핵심 광물 등 전략 산업 공급망에서 중국을 배제하려 하고, 동맹국인 한국에도 동참을 요구하고 있다. 반면 중국은 경제 보복 가능성을 내비치며 한국의 선택을 견제하고 있다.

두 번째는 다자 통상 체제의 몰락이다. 트럼프 2기 행정부 집권 이후 벌어지고 있는 관세 전쟁 등으로 세계무역기구WTO 체제는 기능이 사실상 마비되어 있다. 지역별 블록형 통상 협정(RCEP, CPTPP 등)도 실제적으로 무력화되고 있다.

세 번째는 공급망 리스크의 심화다. 반도체, 배터리, 원자재 등 전략 품목에서 특정국 의존도가 높아, 지정학적 리스크가 곧 경제 리스크로 직결되고 있다. 자국 중심 공급망 구축 움직임reshoring, friend-shoring 속에 한국의 입지가 흔들리고 있다.

네 번째는 통상 외교 역량의 한계다. 과거 대외 개방 시대에 맞춰 구축된 통상 전략은 급변하는 신통상 환경(기술 안보, 경제 안보, 공급망 안정성) 대응에 있어 다소 느리고 수동적이라는 평가를 받고 있다.

미·중 전략 경쟁 시대, 한국 통상 외교 전략

이 거대한 파도 속에서 한국이 살아남고 도약하는 데 필요한 전략은 다음과 같다.

첫째, '경제 안보'를 통상 외교의 핵심에 세워야 한다. 전통적 시장 확대 중심 외교를 넘어, 핵심 기술, 전략 물자, 공급망 안정성 확보를 통상 전략의 최우선 과제로 삼아야 한다. 국가 차원의 '경제 안보 전략 본부'를 설치해 통상, 외교, 산업 전략을 통합적으로 추진해야 한다.

둘째, '선택과 집중' 전략을 구사해야 한다. 모든 전선에서 동시에 승부를 벌이기보다는, 한국의 비교 우위가 뚜렷한 분야(반도체, 배터리, 친환경 에너지, 바이오 등)에 국가 역량을 집중하고, 글로벌 공급망 재편 과정에서 전략적 거점을 확보해야 한다.

셋째, '연대와 다변화' 외교를 강화해야 한다. 미국, 유럽, 아세안, 인도, 중남미 등과 경제 연대를 강화해 특정국 의존도를 낮추고, 다자간 협력 네트워크를 확대해야 한다. CPTPP, IPEF 등 새로운 경제 블록에도 적극적으로 참여해 한국의 외교적 공간을 넓혀야 한다.

넷째, '유연한 실용 외교'를 지향해야 한다. 이념적 진영 논리에 매몰되지 않고, 국익 중심, 실용주의 외교를 추구해야 한다. 양국 관계를 이분법적으로 다루지 말고, 사안별로 국익에 따라 유연하게 대응하는 '전략적 모호성'을 유지할 필요도 있다.

생존을 넘어 주도권을 향해

트럼프발 관세 폭탄, 미·중 전략 경쟁은 한국에 거대한 도전이지만, 동시에 새로운 기회이기도 하다. 글로벌 공급망 재편, 산업 지형 변화 속에서 한국은 기술력과 산업 경쟁력을 바탕으로 전략적 가치를 높일 수 있다. 위기 속에서 기회를 찾는 것, 그것이 통상 외교의 진정한 목표다.

생존에 급급한 외교를 넘어 미래를 주도하는 외교로 나아가야 한다. 경제 안보, 기술 주권, 공급망 주도권을 확보하는 것은 단기적 방어가 아닌 장기적 성장 전략이다. 통상 외교를 '국가 생존의 외교'이자 '국가 도약의 외교'로 새롭게 정의해야 한다.

미·중 전략 경쟁 시대, 흔들리는 세계 속에서도 당당히 중심을 잡는 나라. 한국은 그런 나라가 될 수 있다. 그리고 그렇게 되어야만 한다.

02 EU, 아세안, 중남미로의 무역 다변화

탈미중, 무역 다변화가 국가 생존 전략이다

세계 경제의 지형이 빠르게 바뀌고 있다. 미국과 중국이라는 두 거대 경제권의 전략 경쟁이 격화되면서, 특정 국가에 대한 과도한 의존은 곧 경제 리스크가 되어 버렸다. 이제 '탈미중脫美中'은 선택이 아니라 생존의 문제다. 한국처럼 수출 중심 경제 구조를 가진 나라는 특히 무역 파트너의 다변화가 절실하다.

전통적으로 한국의 수출은 미국, 중국, 일본 등 몇몇 주요국에 편중되어 왔다. 그러나 미·중 관계의 긴장, 보호 무역주의 강화, 글로벌 공급망 불안정이 현실화되면서, 시장 다변화의 필요성은 그 어느 때보다 커졌다. 안정적이고 지속 가능한 무역 구조를 구축하려면, EU, 아세안, 중남미 등 새로운 시장으로의 전략적 확장이 필수적이다.

다변화는 단순한 시장 확대를 넘어, 국가 경제의 리스크 분산, 산업 생태계 강화, 외교적 자율성 확보를 위한 핵심 수단이다. 이제 무역 다변화는 경제 정책의 주변 과제가 아닌 국가 전략의 중심축이 되어야 한다.

한국 무역 구조의 취약성과 다변화 필요성

현재 한국 무역 구조의 취약성은 다음과 같은 점에서 나타난다.

첫 번째는 중국 의존도 과다다. 2020년대 들어 중국은 한국 전체 수출의 약 25퍼센트를 차지하고 있다. 특히 반도체, 디스플레이, 석유 화학 등 주요 품목의 경우 중국 시장 의존도가 절대적이다. 중국 경기 둔화나 대외 정책 변화가 한국 수출에 직접적 충격을 준 사례가 이미 여러 차례 나타났다.

두 번째는 산업별 수출 편중이다. 반도체, 자동차, 조선 등 소수 산업에 수출이 집중되어 있다. 산업 다각화가 더디게 진행되면서, 특정 산업의 경기 변동이 국가 전체 경제에 미치는 영향이 커졌다.

세 번째는 신흥 시장 공략 부진이다. 아세안, 중남미, 아프리카 등 성장 잠재력이 높은 시장에 대한 전략적 접근이 부족했다. 이들 시장은 고성장과 인구 증가가 예상되지만, 아직까지 한국 기업의 진출과 네트워크 구축은 미흡하다.

네 번째는 글로벌 통상 환경 변화 대응 지연이다. CPTPP, RCEP 등 새로운 지역 경제 협정 체제에 적극적으로 참여하지 못하거나, 내부적으로 준비가 부족해 기회를 놓치는 경우가 발생하고 있다.

EU, 아세안, 중남미로의 무역 다변화 전략

한국 경제의 지속 가능한 성장을 위해서는 다음과 같은 무역 다변화 전략이 필요하다.

첫째, EU 시장 공략을 강화해야 한다. 한국-EU FTA를 기반으로 디지털, 친환경, 헬스 케어, 배터리 등 신산업 분야 협력을 심화하고, EU의 탄소 국경 조정 제도CBAM 등 새로운 규제 환경에 선제적으로 대응해야 한다. 독일, 프랑스, 북유럽 등 국가별 맞춤형 진출 전략도 필요하다.

둘째, 아세안과의 경제 파트너십을 심화해야 한다. 아세안은 인구 6억 7천만 명, 젊은 인구 비중, 빠른 도시화로 거대한 소비 시장과 생산 거점으로 부상하고 있다. 한국-아세안 FTA를 기반으로 제조업, 서비스업, 디지털 경제 분야 협력을 확대하고, 중소기업의 동남아 진출을 지원해야 한다.

셋째, 중남미 시장 개척을 본격화해야 한다. 중남미는 천연자원, 농산물, 신재생 에너지 분야에서 큰 잠재력을 가진 시장이다. 남미 공동 시장MERCOSUR과의 FTA 체결을 적극 추진하고, 인프라 투자, 스마트 시티, 에너지 프로젝트 등을 통해 중남미와 경제적 연결 고리를 강화해야 한다.

넷째, 글로벌 공급망 다변화를 추진해야 한다. 특정국 의존도를 줄이기 위해 핵심 품목(반도체 소재, 배터리 원료 등)의 생산 거점을 다양한 국가로 분산하고, '프렌드 쇼어링friend-shoring' 전략을 통해 가치관을 공유하는 국가들과 협력 네트워크를 강화해야 한다.

다변화는 생존을 넘어 기회다

무역 다변화는 단순히 리스크를 분산하기 위한 수단이 아니다. 그것은 새로운 기회를 창출하는 성장 전략이다. 세계는 넓고, 기회는 여전히 많다. 다만 그 기회를 잡기 위해서는 능동적이고 전략적인 접근이 필요하다.

EU는 한국에 기술 협력과 친환경 산업 전환의 파트너가 될 수 있다. 아세안은 제조업과 소비 시장의 신흥 거점이다. 중남미는 자원과 에너지, 인프라 협력의 블루 오션이다. 다양한 시장과 손잡을 때 한국 경제는 새로운 성장 동력을 얻을 수 있다.

지금 필요한 것은 결단이다. 과거의 익숙함을 넘어, 새로운 시장과 산업으로 과감히 나아가는 용기. 무역 다변화를 통해 한국 경제는 외풍에 흔들리지 않는 튼튼한 체질을 만들고, 더 넓은 세계 속에서 새로운 미래를 열어야 한다.

💰 03 글로벌 공급망 위기와 전략적 자립

공급망 위기, 경제 안보의 최전선에 서다

글로벌 공급망global supply chain은 현대 경제의 혈관이다. 원자재, 부품, 완제품이 국경을 넘어 이동하며 세계 경제를 움직인다. 그러나 최근 몇 년간 우리는 이 공급망이 얼마나 취약한지 뼈저리게 경험했다. 미·중 무역 전쟁, 코로나19 팬데믹, 러시아-우크라이나 전쟁, 중동 리스크 등으로 글로벌 공급망은 심각한 교란을 겪었다.

단순한 물류 차질이 아니라 생산 중단, 원자재 가격 급등, 산업별 공급 부족 사태가 연쇄적으로 발생했다. 반도체 부족으로 자동차 생산이 멈췄고, 배터리 소재 확보 실패로 친환경차 전략이 차질을 빚었다. 이제 공급망 관리는 기업 차원의 문제가 아닌 국가 경제 안보의 핵심 과제가 되었다.

한국처럼 수출과 제조업 중심의 경제 구조를 가진 나라는 특히 더 취약하다. 전략 물자, 핵심 부품, 원료 확보가 국가 경제의 생존을 좌우하는 시대다. 공급망 위기는 단순한 시장 불균형이 아닌 지정학적 리스크와 직결되는 경제 전쟁의 최전선이다.

한국 공급망 구조의 문제점과 취약성

현재 한국의 공급망 구조는 몇 가지 심각한 취약성을 안고 있다.

첫 번째는 특정국 의존도 심화다. 반도체 장비와 소재는 미국과 일본, 배터리 핵심 광물(리튬, 코발트, 니켈 등)은 중국과 남미 국가들에 크게 의존하고 있다. 특정국 리스크가 현실화되면 대체가 쉽지 않다.

두 번째는 공급망 복원력 부족이다. 글로벌 위기 발생 시 대체 공급선을 빠르게 확보하거나 자체 생산으로 전환할 수 있는 능력이 부족하다. 산업별로 긴급 대응 시나리오나 비상 재고 관리 시스템도 미비하다.

세 번째는 전략 품목 관리 체계의 부재다. 무엇이 국가 핵심 전략 품목인지, 어떤 품목이 공급망 교란 시 국가 위기에 직결될지를 체계적으로 분류하고 관리하는 시스템이 부족하다.

네 번째는 민관 협력 기반 미흡이다. 기업은 비용과 효율성에 따라 공급망을 구성하지만, 국가 차원의 경제 안보 관점에서 민간 공급망을 조정하거나 지원하는 체계가 약하다. 위기 대응 시 정부-기업 간 정보 공유, 공동 대응 체계도 미흡하다.

글로벌 공급망 위기 대응과 전략적 자립 전략

공급망 위기에 효과적으로 대응하고, 전략적 자립 기반을 구축하기 위해서는 다음과 같은 접근이 필요하다.

첫째, 핵심 전략 품목 리스트를 국가 차원에서 정비해야 한다. 반도체, 배터리, 바이오, 에너지, 희귀 광물 등 전략 품목을 선정하고, 생산-조달-비축 계획을 수립해야 한다. 지정학적 리스크, 기술 발전 가능성 등을 고려해 주기적으로 업데이트해야 한다.

둘째, 공급망 다변화와 지역 분산 전략을 추진해야 한다. 특정 국가 의존도를 낮추고, 주요 원자재, 부품, 장비를 여러 국가에서 안정적으로 조달할 수 있도록 공급선을 다변화해야 한다. 미국, EU, 동남아, 호주, 아프리카 등과 전략적 파트너십을 강화해야 한다.

셋째, 국내 생산 기반을 강화해야 한다. 가능한 전략 품목에 대해서는 국내 생산을 확대하거나, 적어도 비상시 자체 생산이 가능하도록 핵심 기술과 설비를 확보해야 한다. '국가 핵심 기술'로 지정하고 연구 개발 및 산업 육성을 적극적으로 지원해야 한다.

넷째, 민관 공급망 협력 플랫폼을 구축해야 한다. 정부와 기업이 정보를 실시간 공유하고, 위기 발생 시 공동 대응할 수 있는 민관 협력 체계를 마련해야 한다. 공급망 위기 조기 경보 시스템, 긴급 대응 매뉴얼도 표준화해야 한다.

자립 없는 개방은 위험하다

개방은 경제 성장의 원동력이지만, 자립 없는 개방은 치명적인 약점이 된다. 글로벌 공급망에 참여하면서도, 필수적인 전략 품목과 산업에서는 자립 기반을 갖추는 것. 이것이 현대 경제 안보의 기본 원칙이다.

공급망을 통제하지 못하는 국가는 위기에 무방비로 노출된다. 반대로 공급망을 지혜롭게 설계하고, 자립 역량을 키운 국가는 위기 속에서도 기회를 잡는다. 한국은 기술력과 산업 역량을 갖춘 나라다. 이제 그 힘을 바탕으로 공급망 주권을 강화해야 한다.

글로벌 공급망 위기 시대, 한국은 생존을 넘어 도약할 수 있다. 전략적 자립. 그것이 대한민국 경제의 새로운 키워드다.

04 탄소 국경세와 기후 변화 대응 산업 정책

기후 변화, 경제 질서를 뒤흔들다

　기후 변화는 더 이상 환경 문제에 국한되지 않는다. 그것은 경제, 산업, 무역, 외교를 통째로 재편하는 거대한 힘이 되고 있다. 탄소 배출을 줄이기 위한 글로벌 합의가 강화되면서, 탄소 감축이 곧 경제 경쟁력의 핵심이 되고 있다. 특히 유럽 연합과 미국을 중심으로 '탄소 국경 조정 제도CBAM: Carbon Border Adjustment Mechanism'와 같은 새로운 무역 장벽이 등장하고 있다.

　탄소 국경세는 자국 내 탄소 규제를 회피하려는 기업들이 탄소 배출량이 많은 국가로 생산 거점을 옮기는 '탄소 누출carbon leakage'을 방지하기 위해 도입되는 제도다. 수출국이 탄소 배출을 줄이지 않으면, 수입 시 추가 비용을 부과해 공정한 경쟁 환경을 조성하겠다는 취지다.

　문제는 이 제도가 선진국과 개발 도상국 간, 강대국과 중견국 간 새로운 경제적 장벽이 될 수 있다는 점이다. 한국처럼 제조업 중심, 수출 중심 경제 구조를 가진 나라에는 탄소 국경세가 중대한 리스크로 작용할 수 있다. 기후 변화 대응이 곧 통상 전략이 되고, 산업 정책의 핵심 과제가 되는 시대가 온 것이다.

한국의 기후 변화 대응 현실과 한계

한국은 2050 탄소 중립 목표를 선언하고 다양한 기후 정책을 추진하고 있지만, 여전히 구조적 한계를 안고 있다.

첫 번째는 산업 구조의 탄소 집약성이다. 철강, 석유 화학, 시멘트 등 고탄소 배출 업종이 경제 비중에서 차지하는 비율이 높다. 산업계 전반의 탄소 감축 전환이 쉽지 않은 구조다.

두 번째는 에너지 전환 속도의 지체다. 재생 에너지 비율이 OECD 평균에 크게 못 미치고 있으며, 전력 생산의 상당 부분을 여전히 석탄 발전에 의존하고 있다. 에너지 믹스 전환이 더디면 제조업 전반의 탈탄소화도 지연된다.

세 번째는 탄소 가격 제도의 미비다. 한국은 배출권 거래제를 운용하고 있지만, 탄소 가격이 낮고 시장 유동성이 부족해 기업들의 실질적 감축 유인이 약하다. 탄소세 도입 논의도 정치적 부담으로 진전을 보지 못하고 있다.

네 번째는 기업과 정부의 대응 체계 부족이다. 주요 기업은 ESG 경영을 강화하고 있지만, 중소기업, 중견기업은 준비가 부족하다.

정부의 정책 지원과 인프라도 아직 충분치 않다.

탄소 국경세 대응과 산업 정책 전략

탄소 국경세 시대를 대비해 한국은 다음과 같은 산업 정책 전략을 추진해야 한다.

첫째, 제조업 탈탄소화를 가속화해야 한다. 철강, 석유 화학, 시멘트, 반도체 등 주요 산업군에 대해 저탄소 생산 기술 개발을 대대적으로 지원하고, 공정 전환을 유도해야 한다. 탄소 중립 산업 단지 조성, 그린 리모델링 지원 등 인프라 투자를 확대해야 한다.

둘째, 에너지 전환을 과감하게 추진해야 한다. 재생 에너지 보급 목표를 상향 조정하고, 전력망 인프라를 스마트 그리드 중심으로 재편해야 한다. 수소 경제, 스마트 에너지 시스템 등 신에너지 산업 육성도 병행해야 한다.

셋째, 탄소 가격 체계를 정비해야 한다. 배출권 거래제의 가격 현실성과 시장 유동성을 강화하고, 장기적으로는 탄소세 도입을 검토해야 한다. 탄소 감축 노력에 대한 명확한 가격 시그널을 시장에 제공해야 한다.

넷째, 글로벌 표준 대응 역량을 키워야 한다. CBAM, 녹색 분류 체계taxonomy 등 국제 기후 규범에 선제적으로 대응하고, 주요국과 기후 협력 채널을 강화해야 한다. 중소기업 대상 탄소배출 저감 지원 프로그램도 체계화해야 한다.

기후 대응은 새로운 산업 혁명의 기회다

탄소 국경세는 위기지만, 동시에 기회다. 기후 변화 대응은 단순한 규제 비용이 아닌 새로운 시장, 새로운 기술, 새로운 성장의 기회를 의미한다. 탄소 중립을 선도하는 국가는 미래 산업을 주도할 수 있다.

한국은 제조업 강국이자 기술 혁신 역량을 갖춘 나라다. 탈탄소화 전환에 성공하면, 글로벌 경쟁에서 한발 앞서 나갈 수 있다. 반도체, 배터리, 수소, 그린 수소, 탄소 포집CCUS 등 신산업 분야에서 주도권을 확보해야 한다.

탄소 국경세에 대응하는 것은 단기적 방어가 아닌 장기적 도약을 위한 투자다. 한국 경제는 기후 대응 산업 혁명을 새로운 성장의 발판으로 삼아야 한다. 탄소를 넘어 미래로. 지금이 바로 그 출발점이다.

05   디지털세, 글로벌 조세 체계 대응 전략

디지털 경제, 조세 질서를 재편하다

21세기 경제의 중심축은 제조업을 넘어 디지털 산업으로 옮겨 갔다. 글로벌 IT 기업, 플랫폼 기업, 전자상거래 기업들은 물리적 국경 없이 전 세계에서 수익을 올리고 있다. 그러나 기존 국제 조세 체계는 물리적 고정 사업장PE: permanent establishment 개념을 전제로 설계되어 있어, 디지털 경제의 수익을 제대로 과세하지 못하는 구조적 한계에 직면했다.

이로 인해 미국 빅테크 기업들은 막대한 글로벌 수익을 거두면서도 실질적인 세금을 거의 내지 않는다는 비판이 커졌고, 세계 각국은 디지털 기업에 대한 새로운 과세 모델을 요구하기 시작했다. 이러한 논의가 '디지털세'로 구체화된 것이다.

디지털세digital tax는 단순한 세금 문제가 아니다. 그것은 글로벌 경제 패권, 국가 간 조세 주권, 다자 협력 질서를 재구성하는 복합적 문제다. 한국처럼 디지털 산업 비중이 급격히 커지고, 다국적 기업과 긴밀히 연결된 경제 구조를 가진 나라는 디지털세 문제에 능동적이고 전략적으로 대응해야 한다.

디지털세 국제 논의의 진행 상황과 한국의 현실

디지털세 논의는 OECD와 G20을 중심으로 본격화되었다. 주요 내용은 크게 두 가지 축으로 정리된다.

첫 번째는 '필라 1Pillar 1'이다. 초과 이익을 거두는 글로벌 대기업(주로 디지털 플랫폼 기업)의 이익을 시장 국가(소비자 소재국)에 일정 비율 배분하여 과세권을 부여하는 모델이다. 기존 고정 사업장 개념을 넘어, 실제로 수익이 창출된 국가에 과세권을 나누겠다는 취지다.

두 번째는 '필라 2Pillar 2'다. 글로벌 최저한세global minimum tax를 도입해, 다국적 기업이 어디서든 일정 수준 이상의 법인세(현재 논의 기준 약 15퍼센트)를 부담하도록 하는 것이다. 조세 회피를 막고 세원 잠식을 방지하는 것이 목표다.

한국은 OECD 디지털세 협상에 적극적으로 참여해 왔고, 2021년 기본 합의가 도출된 이후 후속 이행 작업에 동참하고 있다. 한국 대기업들도 글로벌 최저한세 적용 대상에 포함될 가능성이 크다. 하지만 디지털세 본격 시행이 가까워지면서 다음과 같은 도전 과제도 함께 제기되고 있다. 한국 기업의 세 부담 증가 가능성, 디지털세 이중 과세 방지 체계 미흡, 국내 스타트업·중견기업에 대한 영향 분석 부족, 외국계 플랫폼 기업에 대한 과세 인프라 준비 미흡 등이다.

디지털세 대응과 글로벌 조세 체계 전략

한국이 디지털세 시대를 기회로 삼기 위해서는 다음과 같은 대응 전략이 필요하다.

첫째, 디지털세 이행 체계를 조속히 정비해야 한다. 글로벌 최저한세 적용 대상 기업을 명확히 규정하고, 과세·공제 체계를 구축해 이중 과세를 방지해야 한다. 과세 표준 산정, 세액 계산, 조세 정보 보고 절차 등을 명확히 해야 한다.

둘째, 국내 디지털 산업에 미치는 영향을 면밀히 분석하고 대응책을 마련해야 한다. 글로벌 최저한세는 초대형 기업에 적용되지만, 장기적으로는 중견 디지털 기업에도 영향을 미칠 수 있다. 산업별 영향 분석과 맞춤형 정책 지원이 필요하다.

셋째, 외국계 디지털 기업에 대한 과세 인프라를 강화해야 한다. 글로벌 플랫폼 기업이 한국 시장에서 얻는 매출에 대해 정당한 세금을 부과할 수 있도록 국내 과세 체계를 정비하고, 다국적 기업 과세 정보 공유 네트워크를 강화해야 한다.

넷째, 글로벌 조세 규범 논의에 적극 참여해야 한다. OECD,

G20 등 다자 협의체에서 한국의 입장을 적극 개진하고, 디지털 경제 환경 변화에 맞는 공정하고 지속 가능한 조세 질서 구축에 주도적으로 기여해야 한다. 국내 이해관계자들과의 소통도 강화해야 한다.

디지털 경제 시대, 조세 주권을 지켜야 한다

디지털세는 단순히 대기업에 대한 과세 강화가 아니다. 그것은 디지털 경제 질서 속에서 국가의 조세 주권을 어떻게 지킬 것인가에 대한 문제. 세계 각국이 디지털세 논의에 사활을 걸고 있는 이유도 여기에 있다.

한국은 디지털 경제 강국이자 무역 의존도가 높은 나라다. 공정하고 합리적인 글로벌 조세 체계 구축에 능동적으로 참여하고, 동시에 자국 기업과 산업을 보호하고 육성하는 균형 잡힌 전략이 필요하다.

디지털 경제 시대, 조세는 국가 경쟁력의 또 다른 이름이다. 디지털세 대응 전략은 경제주권 수호 전략이자, 미래형 경제 질서에 당당히 참여하는 길이다. 한국은 기민하고 치밀하게, 디지털 경제 시대의 세금 전쟁을 준비해야 한다.

06 외환 시장 안정성과 환율 정책의 방향

외환 시장은 국가 경제의 심장이다

　외환 시장은 한 나라 경제의 심장과 같다. 수출입 거래, 해외 투자, 외국 자본 유입과 유출, 금융 시장 안정성. 이 모든 것이 외환 시장의 건전성과 밀접하게 연결되어 있다. 특히 글로벌 경제가 불안정할 때 외환 시장은 가장 먼저 충격을 흡수하고, 그 파급 효과는 실물 경제 전반으로 확산된다.

　한국처럼 무역 의존도가 높고, 외국인 투자 자본이 활발히 움직이는 경제는 외환 시장 안정성이 곧 경제 전체의 신뢰와 직결된다. 환율 급변동은 기업의 경영 계획을 무너뜨리고, 금융 시장을 혼란에 빠뜨리며, 국민 경제 전반에 불확실성을 증폭시킨다.

　외환 시장은 단순히 환율 수준의 문제가 아니다. 그것은 경제 심장의 박동 리듬을 조율하는 고도의 전략적 관리 대상이다. 지금처럼 글로벌 인플레이션, 통화 긴축, 지정학적 리스크가 겹치는 시대에는 더욱 정교하고 능동적인 외환 시장 안정 전략이 필요하다.

한국 외환 시장과 환율 정책의 현실과 도전

한국 외환 시장과 환율 정책은 지난 수십 년간 많은 발전을 이뤘지만, 여전히 구조적 도전 과제를 안고 있다.

첫 번째는 외환 변동성에 대한 민감성이다. 외환 보유액 규모가 증가하고 외환 건전성 지표가 개선되었지만, 대외 충격에 따른 환율 급등락 가능성은 여전히 존재한다. 글로벌 투자자들의 심리 변화, 미국 연준Fed의 금리 정책, 지정학적 리스크 등에 민감하게 반응하는 구조다.

두 번째는 대외 채무 구조의 취약성이다. 단기 외채 비율은 과거보다 낮아졌지만, 여전히 기업과 금융 기관의 외화 차입 의존도가 높다. 글로벌 신용 경색이나 외화 유동성 악화 시 리스크가 확대될 수 있다.

세 번째는 환율 정책에 대한 국제적 시선이다. 한국은 과거 환율 시장 개입에 대한 투명성 문제로 국제 사회(특히 미국)로부터 여러 차례 압박을 받은 바 있다. 최근에도 외환 시장 개입의 투명성 제고 요구가 지속되고 있다.

네 번째는 새로운 통화 환경에 대한 준비 부족이다. 디지털 통화 CBDC, 중앙은행 발행 디지털 화폐 등장, 글로벌 금융 디지털화 심화 등 새로운 환경 변화에 대응하는 외환 시장 관리 전략이 아직 초기 단계다.

외환 시장 안정성과 환율 정책의 전략적 방향

외환 시장을 안정시키고, 지속 가능한 환율 정책을 구축하기 위해서는 다음과 같은 전략이 필요하다.

첫째, 시장 친화적 외환 시장 안정화 메커니즘을 구축해야 한다. 과도한 급등락 시에는 시장 개입을 통해 안정화를 지원하되, 기본적으로는 시장 기능을 존중하는 방향으로 외환 정책을 운영해야 한다. 시장 개입의 원칙, 범위, 절차를 명확히 하고, 투명성을 높여야 한다.

둘째, 외환 보유액과 외화 유동성 관리 체계를 고도화해야 한다. 단순 보유 규모 확대를 넘어, 다양한 통화 구성을 갖춘 포트폴리오 관리, 단기 유동성 대응 역량 강화, 긴급 외화 자금 공급 체계 구축 등을 체계화해야 한다.

셋째, 외환 규제 체계를 유연하고 선진화해야 한다. 자본 유출입 규제를 탄력적으로 운영하면서, 급격한 유출입에 대비한 거시 건전성 정책(예: 외환 건전성 부담금, 거시 건전성 대출 규제 등)을 지속적으로 업그레이드해야 한다.

넷째, 디지털 외환 시장 인프라를 구축해야 한다. 중앙은행 디지털 통화 도입에 대비한 외환거래 시스템 혁신, 블록체인 기반 국제 결제 시스템 연계, 디지털화된 외환 위험 관리 체계 등을 조기에 마련해야 한다.

안정 속의 유연성, 한국 경제의 생존 전략

　외환 시장 안정은 단순히 금융 시장을 지키는 것이 아닌 국가 경제의 숨통을 유지하는 일이다. 외환 시장이 흔들리면 수출기업이 계획을 세우기 어렵고, 투자자는 불안해하며, 서민 경제도 직격탄을 맞는다. 반대로 외환 시장이 건고하면, 외풍에도 경제는 흔들리지 않고 중심을 잡을 수 있다.

　안정성과 유연성은 외환 시장 정책의 두 축이다. 급격한 변동을 막되, 시장의 자연스러운 조정은 허용해야 한다. 글로벌 기준에 부합하는 투명성과 시장 친화성, 그리고 위기 시 신속하고 강력한 대응력. 이 세 가지가 조화될 때 한국은 외환 전쟁에서도 승리할 수 있다.

　변동성이 일상이 된 시대, 외환 시장 안정은 한국 경제의 필수 방패다. 건고하게, 그러나 유연하게. 이것이 한국 환율 정책의 새로운 좌표가 되어야 한다.

07 ODA와 경제 협력의 국익 전략

ODA, 국제 연대인가, 전략 자산인가

공적 개발 원조ODA: official development assistance는 전통적으로 인도주의적 차원에서 추진되어 왔다. 가난한 나라를 돕고, 개발을 지원하며, 글로벌 불평등을 완화하는 것은 인류 공동체의 일원으로서 책임 있는 자세다. 그러나 21세기 ODA는 단순한 구호를 넘어, 국제 사회에서 국익을 증진시키는 전략적 자산으로 진화하고 있다.

국제 사회의 영향력 경쟁, 글로벌 가치 사슬 재편, 외교적 우군 확보 경쟁이 치열해지면서 선진국들은 ODA를 경제 협력, 외교 안보, 기술 협력 전략과 긴밀히 연계하고 있다. 개발 도상국은 단순한 지원 대상이 아닌 미래의 경제 파트너이자 글로벌 거버넌스 동반자로 부상하고 있다.

한국도 더 이상 '수혜국'이 아니라 '공여국'의 입장에서 새로운 전략이 필요하다. ODA를 통한 국제 기여를 확대하는 동시에 이를 국익과 경제 전략에 유기적으로 연결하는 지혜가 절실한 시대다.

한국 ODA 정책의 현황과 과제

한국은 2010년 OECD 개발원조위원회DAC에 가입하면서 본격적으로 공여국 클럽에 들어섰다. 이후 ODA 규모를 꾸준히 늘려왔지만, 여전히 구조적 한계와 과제를 안고 있다.

첫 번째는 규모의 한계다. 한국의 ODA 규모는 명목상 꾸준히 증가하고 있으나, GNI 대비 ODA 비율은 0.15~0.16퍼센트 수준에 머물고 있다. 이는 OECD 평균(약 0.3퍼센트)에도 미치지 못하는 수준이다. 국제적 기대 수준과 실제 이행 간의 괴리가 존재한다.

두 번째는 전략성 부족이다. 원조 대상국 선정, 분야별 지원 배분, 민관 협력 방식 등에서 일관된 국가 전략이 미흡하다. 지원이 분산되고, 임팩트가 약하다는 평가가 많다.

세 번째는 경제 협력 연계의 미진함이다. ODA가 한국 기업의 해외 진출, 인프라 수주, 기술 협력과 유기적으로 연결되지 못하는 경우가 많다. 경제 협력과 ODA가 별개의 트랙으로 운영되는 경향이 있다.

네 번째는 수원국受援國, 원조를 받는 국가 맞춤형 접근 부족이다. 수원국의 현실과 요구를 충분히 반영하지 못하고, 공급자 중심의 원조가 이루어지는 경우가 많아 현지 효과성과 지속 가능성이 떨어진다.

ODA와 경제 협력 연계 전략

한국이 ODA를 통해 국익을 확대하고 글로벌 책임을 다하기 위해서는 다음과 같은 전략이 필요하다.

첫째, ODA 규모를 단계적으로 확대해야 한다. GNI 대비 0.3퍼센트 달성을 목표로, 중장기 계획을 세워 지속적 증액을 추진해야 한다. 재정 여건을 고려하되, 국제 사회에서 책임 있는 중견국 이미지를 구축해야 한다.

둘째, 전략적 ODA 로드맵을 구축해야 한다. 중점 지원국을 선정하고, 지원 분야(예: 인프라, 보건, 교육, 디지털 전환, 에너지 전환 등)를 집중화해야 한다. 아세안, 중남미, 아프리카 등 전략적 중요성이 높은 지역에 대한 비중을 높이는 것도 중요하다.

셋째, ODA와 경제 협력을 유기적으로 연계해야 한다. 인프라 ODA를 통한 한국 기업 해외 수주 지원, 디지털 전환 ODA를 통한 한국 ICT 기업 진출, 에너지 프로젝트를 통한 수소 경제 협력 등 민관 협력형 mixed finance 모델을 활성화해야 한다.

넷째, 수원국 맞춤형 지원과 공동 개발 방식을 강화해야 한다. 수원국과 공동으로 프로젝트를 기획하고, 현지 인력 양성, 기술 이전, 지속 가능한 관리 체계 구축을 병행해야 한다. 단순 원조가 아니라 '파트너십' 구축이 핵심이다.

ODA는 국격이고, 국익이다

ODA는 단순한 시혜가 아니다. 그것은 한국이 세계시민으로서 책임을 다하고, 동시에 국가의 전략적 이익을 증진시키는 고급 외교 수단이다. 국제 사회에서 신뢰를 얻고, 경제 협력 기회를 넓히며, 외교적 우군을 확보하는 지름길이다.

한국은 식민 지배와 전쟁, 빈곤을 극복하고 선진국 반열에 오른 역사적 경험을 가진 나라다. 이 경험을 바탕으로 개발 도상국과 진정성 있는 연대를 구축할 수 있다. 이는 한국만이 가진 독특한 강점이다.

ODA와 경제 협력의 시너지를 극대화할 때, 한국은 글로벌 무대에서 보다 당당하고 영향력 있는 국가로 자리매김할 수 있다. 국격國格을 높이고, 국익國益을 키우는 전략적 ODA. 이것이 한국이 가야 할 길이다.

08 한국형 개발 모델의 수출 가능성

한국의 발전 경험, 세계가 주목한다

20세기 후반, 한국은 전 세계가 놀란 경제 성장과 사회 변화를 이루어 냈다. 전쟁의 폐허를 딛고 불과 수십 년 만에 세계 10위권 경제 대국으로 성장한 '한강의 기적'은 여전히 세계 개발 도상국들에 강한 영감을 준다. 한국은 단순히 경제 성장만 이룬 것이 아니라 민주주의, 교육, 보건, 정보 통신 등 다양한 분야에서 균형 있는 발전을 이뤘다.

이제 많은 개발 도상국이 한국의 발전 경험에 주목하고 있다. 과거 서구 중심 개발 모델이 현지 상황에 맞지 않아 실패하거나 부작용을 낳은 사례를 보면서, 보다 현실적이고 적용 가능한 대안을 찾고 있기 때문이다. 한국은 가난과 빈곤을 극복한 경험, 산업화와 민주화를 동시에 이룬 경험, 교육과 인적 자본 투자에 집중한 경험을 모두 갖춘 보기 드문 국가다.

따라서 이제 한국은 단순한 ODA 공여국을 넘어, '개발 파트너'

로서 한국형 발전 모델을 수출하고 세계 개발 담론에 주도적으로 참여할 기회를 맞이하고 있다.

한국형 개발 모델의 특징과 강점

한국형 개발 모델이 세계적으로 경쟁력을 가질 수 있는 이유는 다음과 같다.

첫 번째는 국가 주도와 민간 역동성의 결합이다. 초기 경제 개발 단계에서 정부가 적극적으로 인프라 구축, 산업 육성, 인재 양성에 나섰지만, 동시에 민간 기업의 창의성과 경쟁력을 촉진하는 방향으로 제도를 설계했다. 이 균형은 많은 개발 도상국이 벤치마킹하고 싶어 하는 지점이다.

두 번째는 교육과 인적 자본 중심 전략이다. 한국은 극심한 자원 빈국이었지만, 국민 교육에 집중적으로 투자하여 인적 자본을 경제 성장의 원동력으로 삼았다. 이는 자원 의존에서 벗어나려는 개발 도상국들에 중요한 교훈이 된다.

세 번째는 포용적 성장 지향이다. 초기에는 경제 성장에 집중했지만, 점차 복지, 의료, 고용, 주거 등 사회적 인프라를 확충하며 포용적 성장으로 발전 방향을 전환했다. 사회적 갈등을 조정하고 통합을 추구하는 모델로서 강점을 가진다.

네 번째는 민주화와 경제 발전의 병행이다. 많은 개발 도상국은 경제 성장과 민주화를 별개의 과제로 보지만, 한국은 정치적 민주화를 경제 발전과 동시에 이룬 드문 사례다. 이는 '성장과 자유'를 함께 추구하는 모델로 주목받는다.

한국형 개발 모델 수출 전략

한국이 효과적으로 개발 모델을 수출하고 국제 사회에서 영향력을 확대하기 위해서는 다음과 같은 전략이 필요하다.

첫째, '한국형 개발 모델 패키지'를 체계화해야 한다. 경제 발전 경험, 교육 정책, 보건 의료 시스템, ICT 인프라 구축 등 주요 성공 요인을 모듈화하여, 수원국 상황에 맞춰 조합할 수 있는 맞춤형 패키지 형태로 제공해야 한다.

둘째, ODA와 연계한 개발 협력 전략을 강화해야 한다. 단순한 자금 지원이 아니라 기술 이전, 정책 자문, 제도 구축 지원 등을 포함하는 통합형 개발 협력 프로그램을 통해 한국형 모델을 전파해야 한다. 한국국제협력단KOICA, 대한무역투자진흥공사KOTRA, 무역협회 등 유관 기관 협력을 강화해야 한다.

셋째, 민관 협력PPP: public-private partnership을 확대해야 한다. 공공 기관과 민간 기업이 함께 해외 개발 사업에 참여하여, 인프라 구축, 스마트 시티, 디지털 전환 프로젝트 등에서 한국형 모델을 실현하는 구조를 활성화해야 한다.

넷째, 글로벌 담론 참여를 적극화해야 한다. UN, OECD, G20, 아시아개발은행ADB 등 국제 기구를 통한 개발 협력 논의에 주도적으로 참여하고, 한국형 개발 모델의 가치를 글로벌 규범화하는 데 힘써야 한다. 이 과정에서 개도국과의 연대와 공감을 기반으로 해야 한다.

한국형 개발 모델, 세계를 연결하는 다리가 되다

한국은 과거 수원국이었고, 지금은 공여국이다. 이 경험은 단순한 경제 성장의 스토리가 아니라 희망과 연대, 도전과 극복의 이야기다. 그리고 이 이야기는 오늘날 여전히 가난과 불평등, 불안정에 시달리는 수많은 나라들에 강력한 메시지가 될 수 있다.

한국형 개발 모델 수출은 한국만을 위한 것이 아니다. 그것은 인류 공동체의 지속 가능한 미래를 위한 기여이며, 동시에 한국의 국격과 국익을 동시에 높이는 전략이다. 한국이 만들어 낸 '한강의 기적'은 이제 '세계의 기적'으로 확장될 수 있다.

세계는 여전히 더 나은 모델을 찾고 있다. 한국은 그 답이 될 수 있다. 이제는 경험을 나누고, 연대의 다리를 놓을 시간이다.

09 전략적 이민 정책과 글로벌 인재 유치

인구 감소 시대, 이민이 국가 생존 전략이 되다

한국은 세계에서 가장 빠르게 인구가 감소하고 있는 나라 중 하나다. 출산율은 세계 최저 수준이고, 고령화는 가파르게 진행되고 있다. 생산 가능 인구 감소, 노동력 부족, 내수 시장 위축, 지역 소멸. 이 모든 구조적 문제의 배후에는 인구 문제라는 커다란 그림자가 드리워져 있다.

이제 이민은 단순한 노동력 충원이 아닌 국가 생존 전략이 되었다. 선진국 대부분은 이미 전략적 이민 정책을 통해 인구 구조를 보완하고, 경제 활력을 유지하고 있다. 캐나다, 호주, 독일, 일본 등은 이민 정책을 적극적으로 개편해 글로벌 인재 확보 경쟁에 뛰어들었다.

한국도 선택의 기로에 서 있다. 전략적 이민 정책을 통해 유능한 인재를 끌어들이고, 다양성과 포용성을 확대해야 한다. 이민을 거부하거나 방치하는 것은 곧 국가 역동성의 상실을 의미한다. 인구 감소 시대, 이민 정책은 더 이상 논쟁의 대상이 아니라 실천의 과제다.

한국 이민 정책의 현실과 문제점

한국은 이민자 수용 규모나 정책 체계 면에서 여전히 제한적이고 소극적인 편이다. 몇 가지 주요 문제를 살펴보면 다음과 같다.

첫 번째는 저숙련 노동자 중심 이민 구조다. 현재 외국 인력 유입의 대부분은 제조업, 농축산업, 건설업 등의 단순노동 분야에 집중되어 있다. 반면 첨단 산업, 연구 개발, 창업 분야의 글로벌 인재 유치는 미흡하다.

두 번째는 체류와 정착 지원 시스템 부족이다. 외국인 노동자, 유학생, 결혼 이민자 등에 대한 사회 통합 지원, 언어 교육, 법적 보호 장치가 충분하지 않다. 정착 과정의 차별, 소외, 제도적 장벽이 여전히 크다.

세 번째는 고급 인재 유치 경쟁력 부족이다. 외국인 과학자, 엔지니어, 스타트업 창업자 등이 한국에 매력을 느끼고 장기 체류하거나 이주할 수 있도록 하는 정책 인센티브가 다른 선진국에 비해 약하다.

네 번째는 사회적 인식의 장벽이다. 외국인에 대한 부정적 인식, 이질성에 대한 불안감이 여전히 강하게 존재하며, 이는 이민자들의 사회적 통합을 어렵게 만든다.

전략적 이민 정책과 글로벌 인재 유치 방안

한국이 인구 절벽 시대에 대비하고 글로벌 경쟁력을 유지하기 위해서는 다음과 같은 이민 정책 혁신이 필요하다.

첫째, 고급 인재 유치형 이민 정책으로 전환해야 한다. 과학·기술·공학·수학STEM 분야, 인공 지능, 바이오, 반도체, 친환경 에너지 등 전략 산업 분야 글로벌 인재를 유치하기 위한 전용 비자 제도, 세제 혜택, 연구지원 프로그램을 강화해야 한다.

둘째, 영주권·국적 부여 제도를 유연하게 운영해야 한다. 일정 요건을 충족하는 고급 인재, 투자자, 창업자 등에 대해 신속한 영주권, 국적 부여 제도를 마련해 장기 체류와 정착을 유도해야 한다. 단기 인력 유입이 아닌 인재 확보 경쟁에서 이기는 전략이 필요하다.

셋째, 사회 통합 지원을 획기적으로 강화해야 한다. 언어 교육, 직업 훈련, 문화 이해 프로그램 등을 통합 제공하고, 지역 사회 기반의 다문화 통합 센터를 확충해야 한다. 이민자가 단순히 '머무르는' 것이 아닌 '함께 살아가는' 사회를 만들어야 한다.

넷째, 국민 인식 전환 캠페인을 추진해야 한다. 이민자에 대한 부정적 인식을 개선하고, 다양성이 국가 경쟁력이라는 메시지를 확산하는 사회적 노력이 병행돼야 한다. 미디어, 교육, 공공 캠페인을 통해 사회적 수용성과 포용성을 높여야 한다.

이민을 통해 미래를 다시 세운다

이민은 단순히 인구를 늘리는 일이 아니다. 그것은 새로운 에너지를 수혈하고, 사회를 젊게 만들며, 혁신의 가능성을 확장하는 일이다. 다양성과 포용성은 21세기 글로벌 경쟁력의 핵심이다.

한국은 이미 뛰어난 산업 기반과 삶의 질을 갖추고 있다. 여기에 개방성과 포용성을 더한다면, 세계 최고의 인재들이 한국을 새로운 기회의 땅으로 선택하게 될 것이다. 이민 정책은 인구 문제의 해법이자, 경제 활력의 엔진이다.

인구 절벽 앞에서 주저할 것인가, 아니면 과감히 미래를 설계할 것인가. 전략적 이민 정책과 글로벌 인재 유치는 대한민국이 다시 세계를 향해 도약하는 열쇠가 될 것이다.

10 한반도 평화와 경제의 상관성

평화는 경제 번영의 필수 조건이다

한반도는 세계에서 가장 군사적 긴장이 높은 지역 중 하나다. 전쟁이 끝나지 않은 정전 상태, 북핵 문제, 군사 충돌 위험. 이러한 상황은 한국 경제에도 지속적인 불확실성과 리스크를 부과해 왔다. 세계 경제가 글로벌화로 긴밀히 연결된 시대에도, 지역 분쟁과 긴장은 특정 국가의 투자 환경과 경제 전망에 결정적 영향을 미친다.

평화는 경제 발전을 위한 기본 토대다. 안정된 안보 환경은 장기 투자를 가능하게 하고, 외국인 직접 투자를 유치하며, 지역 경제를 활성화하는 필수 조건이다. 반대로 긴장과 갈등은 위험 프리미엄을 높이고, 투자 심리를 위축시키며, 경제 성장 잠재력을 갉아먹는다.

특히 한반도 평화는 한국 경제의 체질적 경쟁력과 직결된다. 지속 가능한 성장, 글로벌 금융 허브 도약, 신산업 육성, 남북 경제 협력 등 미래 전략 모두가 한반도 안정성이라는 기반 위에 놓여 있다. 평화 없이 번영은 없다. 이것은 한반도 경제의 절대 명제다.

한반도 긴장이 한국 경제에 미치는 영향

역사를 돌아보면, 한반도 긴장 고조는 한국 경제에 다양한 경로로 부정적 영향을 미쳐 왔다.

첫 번째는 금융 시장 불안정성이다. 북한의 미사일 시험 발사나 군사적 도발이 있을 때마다 원화 가치 하락, 증시 급락, 외국인 투자자 이탈 현상이 반복되었다. 금융 시장은 불확실성에 가장 민감하게 반응한다.

두 번째는 외국인 직접 투자FDI 위축이다. 글로벌 투자자들은 정치적 리스크를 가장 중요한 고려 사항 중 하나로 본다. 한반도 긴장이 고조될 때 한국에 대한 투자 매력도는 상대적으로 하락했다. 특히 장기 인프라 투자, 제조업 투자에 부정적 영향을 미친다.

세 번째는 남북 경협 기회의 상실이다. 남북 관계가 개선될 때마다 개성 공단, 금강산 관광, 철도·도로 연결 프로젝트 등 경제 협력 논의가 활발해졌지만, 긴장 고조로 이들 프로젝트는 번번이 중단되거나 취소되었다.

네 번째는 경제 전반의 리스크 프리미엄 증가다. 한국 기업들은 한반도 지정학적 리스크를 이유로 글로벌 신용 평가사로부터 추가 리스크 프리미엄을 부과받고 있으며, 이는 기업 자금 조달 비용 증가로 이어진다.

평화 경제 구상의 필요성과 추진 전략

한반도 평화는 단순한 안보 정책이 아닌 경제 전략이다. '평화 경제' 구상은 한국 경제의 새로운 성장판을 여는 핵심 열쇠가 될 수 있다.

첫째, 남북 경협을 통해 경제 지평을 확장해야 한다. 개성 공단 재개, 철도·도로 연결, 에너지·자원 공동 개발, 농업 협력 등 다양한 분야에서 단계적이고 실질적인 협력 프로젝트를 추진해야 한다. 남북이 경제적으로 연결되면 한국은 대륙과 해양을 아우르는 경제 허브로 도약할 수 있다.

둘째, 한반도 안정성을 기반으로 글로벌 투자 중심지를 구축해야 한다. 평화가 정착되면 한국은 동북아시아의 금융, 물류, 서비스 중심지로 부상할 수 있다. 싱가포르, 홍콩과 경쟁하는 '동북아 허브' 전략을 본격 추진할 수 있다.

셋째, 군사적 긴장 완화를 통한 사회적 비용 절감 효과를 경제 발전에 재투자해야 한다. 군사비 지출 증가, 전시 대비 인프라 유지 등 긴장 관리 비용을 평화 체제 구축 비용으로 전환하면, 재정 건전성과 경제 성장률 모두에 긍정적 효과를 기대할 수 있다.

넷째, 국제 사회와 함께 평화 경제 플랫폼을 구축해야 한다. UN, 아세안, EU 등 다양한 국제 기구와 연계하여 한반도 평화 경제 프로젝트를 글로벌 어젠다로 만들고, 다국적 기업과 투자 기관의 참여를 유도해야 한다.

평화는 선택이 아니라 필수다

한반도 평화는 이상이 아니다. 그것은 경제적 현실이다. 긴장을 관리하는 데 머무를 것이 아니라 적극적으로 평화 체제를 구축하고 경제 협력의 지평을 넓혀야 한다. 이는 한국 경제의 체질을 바꾸고, 미래를 여는 길이다.

평화는 단순한 전쟁 억지가 아니다. 그것은 새로운 기회를 창출하는 적극적 행위다. 남북한 경제의 시너지, 동북아 경제 벨트 구축, 유라시아 시장으로의 연결. 이 모든 것은 평화를 전제로만 가능하다.

한국 경제는 더는 좁은 내수 시장과 전통적 수출 시장에만 의존할 수 없다. 한반도 평화는 한국 경제에 제2의 도약을 가능하게 할 성장 엔진이다. 평화를 선택하는 것은 경제를 살리는 것이다. 이 절박한 인식이 지금 우리에게 필요하다.

제7부

경제를 움직이는 시스템
- 제도, 거버넌스, 철학

국가 리더십과 거버넌스를 재설계하고, 국회와 정책 선순환 구조를 구축해야 한다. 공공 기관 혁신, 사회적 경제 제도화, 데이터·AI 시대의 법과 윤리 확립이 필수다. 감시와 투명성 시스템을 강화하고, 국가 미래 위원회를 통해 장기 전략을 수립하며, 국민 합의형 정치 경제 모델을 새롭게 짜야 한다.

01 국가 리더십과 거버넌스의 재설계

경제는 시스템 위에서 움직인다

경제는 자연 발생적으로 움직이지 않는다. 개인과 기업의 창의성과 노력, 시장의 자율성이 중요하지만, 그 위를 지탱하는 것은 보이지 않는 거대한 시스템, 바로 국가 거버넌스다. 법과 제도, 정책과 규제, 리더십과 행정. 이 모든 것이 조화를 이루어야 경제는 활력을 얻는다.

특히 21세기처럼 복잡성과 불확실성이 높아진 시대에는 거버넌스의 역할이 더욱 중요해진다. 기술 패권 경쟁, 글로벌 공급망 재편, 기후 위기, 인구 구조 변화 같은 거대한 변화는 민간의 힘만으로 대응할 수 없다. 정부와 시장, 시민 사회가 유기적으로 협력하는 시스템이 뒷받침되어야 한다.

그러나 한국 사회는 여전히 전근대적 제도와 구시대적 관성을 벗어나지 못하고 있다. 파편화된 거버넌스, 단기 성과 중심 정치 리더십, 부처 간 칸막이 행정은 변화에 대한 민첩한 대응을 가로막고 있다. 이제 경제를 움직이는 시스템 자체를 다시 설계해야 할 때다.

한국 국가 리더십과 거버넌스의 현실과 문제점

한국의 국가 운영 시스템은 지난 수십 년 동안 많은 발전을 이뤘지만, 여전히 구조적 한계를 안고 있다.

첫 번째는 단기 성과 지향 정치구조다. 5년 단임 대통령제하에서 정부는 임기 내 성과에 집착할 수밖에 없고, 중장기 과제는 뒷전으로 밀리기 쉽다. 정책의 연속성과 일관성이 약하고, 정권 교체 때마다 대규모 정책 뒤집기가 반복된다.

두 번째는 부처 이기주의와 칸막이 행정이다. 각 부처는 자신들의 권한과 예산을 방어하는 데 집중하며, 부처 간 협력은 구호에 그치기 쉽다. 복합적 문제(예: 저출산, 기후 위기, 디지털 전환 등)에 대한 통합적 접근이 어렵다.

세 번째는 전문성과 전략성 부족이다. 정책 결정과 집행 과정에서 전문성보다 정치 논리가 우선되는 경우가 많고, 국가 전략 수립은 장기적 비전보다는 단기 이벤트성 사업 중심으로 이뤄지기 쉽다.

네 번째는 시민 사회와의 소통 부재다. 거버넌스는 정부만의 일이 아니다. 기업, 시민, 지역 사회와의 파트너십이 필수적이지만, 한국은 여전히 '정부 주도-시민 수동' 모델에 머무르는 경우가 많다.

국가 리더십과 거버넌스 재설계 전략

한국이 미래형 경제 시스템을 구축하기 위해서는 다음과 같은 국가 리더십과 거버넌스 혁신이 필요하다.

첫째, 장기 전략 수립과 집행 체계를 구축해야 한다. 5년 단임제의 한계를 보완하기 위해 초당적 중장기 국가 전략 위원회를 상설화하고, 10~20년 후를 내다보는 국가 비전 수립과 이행을 제도화해야 한다. 정권에 상관없이 지속 가능한 국가 전략을 추진할 수 있어야 한다.

둘째, 부처 간 통합 거버넌스를 강화해야 한다. 복합 문제 해결을 위한 초超 부처적 협력 메커니즘(예: 태스크 포스, 전략 기획 본부)을 강화하고, 성과 기반 부처 간 협력 인센티브를 도입해야 한다. 칸막이를 허물고 유기적 협업을 장려해야 한다.

셋째, 정책 전문성과 전략성을 대폭 강화해야 한다. 주요 정책 결정 과정에 다양한 분야의 전문가 집단 참여를 의무화하고, 정책 평가와 환류feedback 시스템을 정착시켜야 한다. 정치 논리보다 데이터, 분석, 장기적 효과를 중시하는 문화를 만들어야 한다.

넷째, 시민 사회와의 파트너십을 제도화해야 한다. 정책 수립 초기부터 이해관계자 참여를 확대하고, 공론화 과정과 시민 참여 플랫폼을 활성화해야 한다. 정부는 '지시자'가 아니라 '조정자'이자 '촉진자'로 역할을 재정립해야 한다.

시스템을 바꿔야 나라가 산다

경제를 살리는 것은 단순한 정책 몇 가지가 아니다. 그것은 시스템의 문제다. 제도가 유연하고, 거버넌스가 민첩하며, 리더십이 비전과 전략을 갖고 있을 때, 경제는 저절로 활력을 되찾는다.

지금 한국에 필요한 것은 시스템의 혁신이다. 정치 리더십의 리셋, 부처 간 협력의 일상화, 시민과 함께하는 거버넌스, 데이터 기반 정책 시스템. 이 네 가지가 함께 움직여야 한다.

시스템을 바꾸지 않으면 아무리 좋은 정책도 실패한다. 시스템을 바꾼다면, 어떤 위기 속에서도 다시 일어설 수 있다. 경제를 움직이는 힘은 결국 '어떻게 운영하는가'에 달려 있다. 미래를 열고 싶다면, 지금 바로 시스템을 다시 설계해야 한다.

📚 02   국회와 정책의 선순환 구조 만들기

입법은 경제의 생태계를 만든다

정책은 나라를 움직이고, 입법은 정책의 기반을 다진다. 헌법과 법률, 그리고 이에 기초한 정책들은 경제의 작동 원리를 규정하고, 시장의 질서를 세우며, 사회의 공정성을 보장한다. 국회가 생산적이고 미래 지향적인 법과 제도를 만들 때, 경제는 활력을 얻고 국민은 신뢰를 갖는다.

하지만 국회가 정쟁에 매몰되고, 입법이 포퓰리즘 경쟁으로 전락하면, 경제는 방향을 잃고 사회는 분열된다. 경제를 살리는 것도, 망치는 것도 국회의 손에 달려 있다. 그래서 국회의 역할은 단순히 법안을 처리하는 수준이 아니라 국가 시스템의 설계자이자 조정자로서 중대한 의미를 가진다.

지금 한국은 대전환의 시대를 맞고 있다. 인구 감소, 디지털 전환, 기후 변화, 세계 경제 질서 재편. 이 거대한 변화의 물결에 대응하기 위해서는 정책의 선순환 구조를 만들어야 하고, 그 출발점은 국회의 혁신이다.

한국 국회의 현실과 문제점

한국 국회는 세계적으로 높은 법안 발의 건수를 기록하지만, 그 질적 수준에 대해서는 많은 비판을 받고 있다.

첫 번째는 입법 남발과 충돌이다. 의원 입법 중심주의로 인해 매년 수천 건의 법안이 발의되지만, 상호 충돌하거나 실현 가능성이 낮은 법안이 적지 않다. 충분한 논의와 조율 없이 입법이 쏟아지면서, 정책 일관성이 약화된다.

두 번째는 포퓰리즘성 입법이다. 국민의 인기에 영합하거나 단기적 여론을 겨냥한 입법이 많아 장기적 경제 전략과 부합하지 않는 경우가 빈번하다. 복지 확대, 규제 강화 등 표면적 효과를 노린 법안이 쏟아지는 경향이 있다.

세 번째는 정쟁화된 법안 심의 과정이다. 여야 간 대립이 극심할 경우 정책의 합리성보다 정치적 유불리에 따라 법안 심사가 이뤄진다. 경제·사회적 중요 과제가 정쟁의 볼모가 되는 일이 반복되고 있다.

네 번째는 정책 사후 평가와 피드백 시스템 부재다. 한번 입법된 정책이 효과를 제대로 발휘하는지, 부작용은 없는지에 대한 체계적 사후 관리는 미흡하다. 수정과 개선을 통한 정책 선순환 구조가 자리 잡지 못하고 있다.

정책 선순환 구조 구축 전략

국회와 정책 시스템의 선순환을 만들기 위해서는 다음과 같은 혁신이 필요하다.

첫째, 입법 품질 관리를 강화해야 한다. 법안 발의 시 사전 검토 절차를 강화하고, 입법 영향 평가(규제 영향, 재정 소요, 사회적 파급 등)를 의무화해야 한다. 단순 발의 건수 경쟁이 아니라 실질적 필요성과 질적 수준을 중시하는 문화를 만들어야 한다.

둘째, 초당적 정책 협력 구조를 제도화해야 한다. 경제, 안보, 복지 등 국가적 중대 과제에 대해서는 정파를 초월해 협력할 수 있는 상설 특별위원회 또는 정책 거버넌스 기구를 구축해야 한다. 국익 중심 입법 문화를 조성해야 한다.

셋째, 사후 정책 평가와 환류 시스템을 정착시켜야 한다. 모든 정책과 법률은 일정 주기마다 효과성 평가를 받고, 필요 시 개선·폐지할 수 있도록 해야 한다. 국회 내 '정책 성과 평가 전담 기구'를 설치하고, 평가 결과를 공개해야 한다.

넷째, 시민 참여를 강화해야 한다. 입법 과정에 시민 사회, 전문가, 이해관계자의 의견을 적극적으로 반영하는 '열린 입법 시스템'을 구축해야 한다. 공청회, 전자 입법 청원, 입법 예고제도 개선 등을 통해 국회와 시민 간 소통을 확대해야 한다.

국회가 바뀌어야 나라가 산다

　대한민국은 이제 제도와 시스템을 새롭게 다듬어야 할 전환점에 서 있다. 국회가 과거의 정쟁 구조에 머문다면, 한국 경제와 사회는 미래를 준비할 수 없다. 국회가 변화해야 한다. 입법의 질을 높이고, 정책의 선순환 구조를 만들어야 한다.
　입법이 정쟁이 아닌 국가 비전의 구현이 되어야 한다. 정책이 표피적 인기에 따라 움직이는 것이 아니라 국민 삶의 질을 근본적으로 개선하는 데 집중해야 한다. 그리고 국회가 국민과 함께 미래를 설계하는 공간이 되어야 한다.
　국회가 달라지면 정책이 달라진다. 정책이 달라지면 경제가 살아난다. 경제가 살아나면 국민이 희망을 갖는다. 이 선순환의 출발점은 바로 국회의 자기 혁신이다. 대한민국 국회의 과감한 변화를 기대해야 할 이유가 여기에 있다.

03 공공 기관 개혁과 자율 경영 시스템

공공 기관, 국가 경쟁력의 숨은 축

공공 기관은 정부 정책의 집행 주체이자, 국민 생활과 국가 경제를 뒷받침하는 핵심 인프라다. 에너지, 금융, 교육, 의료, 교통, 주택. 삶의 거의 모든 영역에서 공공 기관의 역할이 직간접적으로 작용하고 있다. 이들은 단순한 행정 집행자가 아닌 경제와 사회의 안정성과 지속 가능성을 지탱하는 버팀목이다.

그러나 공공 기관이 비대화하고 비효율에 빠지면, 국가 전체의 역동성과 경쟁력이 저하된다. 과잉 고용, 방만 경영, 정치적 낙하산 인사, 재무 건전성 악화. 이러한 문제들이 쌓이면 결국 국민 부담으로 돌아온다. 공공 기관 개혁은 단순한 예산 절감이나 조직 축소 문제가 아니다. 그것은 경제 체질을 튼튼히 하고, 공공 부문의 신뢰를 회복하는 일이다.

특히 고령화, 디지털 전환, 기후 변화 등으로 공공 서비스 수요가 급증하는 시대에, 공공 기관이 민첩하고 자율적으로 움직이지 못하면 국가 운영 전반이 경직될 수 있다. 공공 기관의 자율 경영 시스템 구축은 더 이상 미룰 수 없는 과제다.

한국 공공 기관의 현실과 구조적 문제

한국 공공 기관은 여러 개혁을 거쳐 왔지만, 여전히 구조적 문제를 완전히 해소하지 못하고 있다.

첫 번째는 비효율성과 방만 경영이다. 사업 범위 확장, 인력 증원, 재무 부담 확대가 반복되면서 공공 기관들의 운영 효율성이 떨어지고 있다. 특히 중복 사업, 부실 투자, 불필요한 부채 누적 문제가 심각하다.

두 번째는 정치적 인사 개입이다. 정권 교체 때마다 낙하산 인사가 반복되고, 기관장이 전문성과 무관하게 정치적 이해관계에 따라 임명되는 경우가 빈번하다. 이는 기관 경영의 연속성과 전문성을 약화시키는 주된 원인이다.

세 번째는 책임 경영 부재다. 기관 성과에 따른 경영진의 책임이 명확히 설정되어 있지 않고, 부실 경영에 대한 실질적 제재도 미흡하다. '성과에 상관없이 자리를 보장받는' 구조가 만연해 있다.

네 번째는 자율성과 창의성 부족이다. 정부의 지나친 통제와 규제로 인해, 공공 기관 스스로 혁신하고 효율화를 추진할 유인이 약하다. 형식적 경영 평가에 매몰되어 장기적 비전보다는 단기 실적 맞추기에 급급해지는 경향도 크다.

공공 기관 개혁과 자율 경영 시스템 구축 전략

공공 기관을 국가 경쟁력의 진정한 자산으로 만들기 위해서는 다음과 같은 개혁 전략이 필요하다.

첫째, 기능 재정립과 조직 슬림화를 추진해야 한다. 공공 기관별 기능과 역할을 전면 재검토하여, 민간이 할 수 있는 영역은 과감히 이양하고, 핵심 공공 서비스 중심으로 조직을 재구성해야 한다. 중복 사업과 비효율 사업은 정리해야 한다.

둘째, 정치적 인사 개입을 차단하고 전문성 기반 인사를 제도화해야 한다. 기관장 선발 과정을 공개하고, 전문성, 경영능력 중심으로 투명하게 임명해야 한다. 임기 중 성과에 따라 중간평가를 하고, 부실 경영 시 해임 제도를 실효성 있게 운영해야 한다.

셋째, 자율성과 책임을 강화하는 경영 시스템을 도입해야 한다. 정부는 최소한의 규제와 관리에 그치고, 각 기관이 자율적으로 목표를 설정하고 혁신을 추진할 수 있도록 해야 한다. 다만 자율성 부여와 함께 성과에 따른 명확한 책임 부과를 병행해야 한다.

넷째, 국민 감시와 평가 체계를 활성화해야 한다. 경영정보를 투명하게 공개하고, 국민이 직접 공공 기관 성과를 평가하는 시스템을 도입해야 한다. 경영 평가 결과는 경영진 보수, 연임 여부 등에 실질적으로 연동되어야 한다.

공공의 혁신이 국가의 미래를 연다

공공 기관 개혁은 단순한 효율성 문제가 아니다. 그것은 국가 전체의 혁신과 지속 가능성의 문제다. 공공 부문이 앞장서서 스스로 변하고, 국민 신뢰를 회복할 때 민간도, 사회도 함께 역동성을 되찾을 수 있다.

공공 기관은 국민 세금으로 운영된다. 따라서 공공 기관의 비효율과 방만은 단순한 내부 문제가 아닌 국민 전체의 문제다. 이들을 혁신하고 자율적 경영 시스템을 구축하는 것은 국가의 경제 체질을 바꾸는 일과 직결된다.

한국은 이제 선진국형 공공 거버넌스를 구축해야 한다. 자율성과 창의성, 그리고 철저한 책임성과 투명성을 겸비한 공공 기관. 그것이 21세기 대한민국이 가야 할 길이다. 공공의 혁신 없이는 경제의 혁신도 없다. 지금이 바로 공공 기관 개혁에 나설 때다.

04 협동조합·사회적 경제의 제도화

경제의 새로운 지평, 사회적 경제

 자본주의 시장 경제는 인류의 삶을 풍요롭게 만들었지만, 동시에 빈부 격차, 사회적 소외, 환경 파괴 같은 부작용도 초래했다. 이 한계를 보완하기 위해 등장한 개념이 바로 '사회적 경제'다. 사회적 경제는 경제적 이익만을 목표로 하지 않고, 사회적 가치와 공동체 이익을 동시에 추구하는 경제 활동을 말한다.

 협동조합, 사회적 기업, 마을 기업, 자활 기업 등이 대표적 사례다. 이들은 시장 실패나 정부 실패를 보완하면서, 일자리 창출, 지역 사회 활성화, 사회적 약자 지원 같은 긍정적 효과를 낳고 있다. 사회적 경제는 자본주의를 넘어서는 대안이 아닌 자본주의를 더욱 건강하게 만드는 보완 장치다.

 특히 고령화, 저성장, 지역 소멸 같은 구조적 위기에 직면한 한국 사회에서 사회적 경제는 경제 체질을 다변화하고, 공동체 기반을 재건하는 데 매우 중요한 역할을 할 수 있다. 이제는 사회적 경제를 제도화하고 본격 육성하는 전략이 필요하다.

한국 사회적 경제의 현실과 한계

　한국은 2010년대 들어 사회적 경제 활성화 정책을 본격적으로 추진했지만, 여전히 여러 가지 한계를 안고 있다.

　첫 번째는 사회적 경제 조직의 영세성과 지속 가능성 문제다. 협동조합이나 사회적 기업의 상당수가 소규모로 운영되며, 재정 자립도가 낮아 정부 보조금 의존도가 크다. 안정적 성장 모델을 갖춘 곳은 소수에 불과하다.

　두 번째는 제도적 지원 체계의 미흡이다. 「사회적기업육성법」, 「협동조합기본법」 등이 제정되었지만, 정책 일관성 부족, 부처 간 중복 지원, 지역 간 격차 등으로 체계적 성장이 어렵다.

　세 번째는 사회적 경제에 대한 인식 부족이다. 사회적 경제를 '보조적' 경제로 보거나, 단순한 복지 정책의 연장선으로 인식하는 경향이 여전히 존재한다. 시장 경제 주류 시스템과의 연결 고리가 약하다.

　네 번째는 금융, 판로, 인재 등 생태계 지원 인프라의 부족이다. 사회적 경제 조직을 위한 전문 금융 상품, 공공 조달 시장 진입 기회, 전문 경영 인력 양성 프로그램 등이 아직 충분하지 않다.

협동조합·사회적 경제 제도화와 육성 전략

한국이 사회적 경제를 본격적으로 성장시켜 경제·사회적 균형을 이루려면 다음과 같은 전략이 필요하다.

첫째, 사회적 경제 기본법을 제정해야 한다. 현재는 개별법 중심으로 분산되어 있는데, 이를 통합하는 '사회적 경제 기본법'을 제정해 정책 목표, 조직 유형, 지원 체계, 육성 방안을 포괄적으로 규정해야 한다.

둘째, 금융·판로·인재 육성 인프라를 체계화해야 한다. 사회적 금융 전문 기관을 육성하고, 사회적 기업·협동조합 전용 보증 제도와 투자 펀드를 조성해야 한다. 공공 기관 우선구매 제도를 확대하고, 민간 시장에서도 사회적 경제 제품의 판로를 적극적으로 열어야 한다.

셋째, 사회적 경제 전문 인재 양성 체계를 구축해야 한다. 대학, 전문 교육기관, 지역 사회적 경제 지원 센터 등을 통해 경영, 마케팅, 금융 등 다양한 분야의 실무형 인재를 양성해야 한다. 사회적 경제 MBA 과정 같은 고급 교육 프로그램도 필요하다.

넷째, 사회적 경제와 기존 시장 경제를 연결하는 가교를 만들어야 한다. 대기업과 사회적 경제 조직 간 상생 협력 프로그램, 사회적 가치 창출 기업에 대한 인센티브 제공 등을 통해 주류 경제와 사회적 경제의 융합을 촉진해야 한다.

사회적 경제는 미래 경제의 또 다른 축이다

사회적 경제는 경제의 변방이 아니라 미래 경제의 중요한 한 축이다. 기술 혁신, 금융 혁신과 함께, 사회 혁신이 미래 경제를 이끄는 핵심 동력이 될 것이다. 협동조합, 사회적 기업, 지역 기반 경제 모델은 포용성과 지속 가능성을 강화하는 새로운 경제 생태계를 만들어 낼 수 있다.

한국 사회는 이제 고도성장의 신화를 넘어, 삶의 질, 공동체 복원, 지속 가능성을 추구하는 새로운 성장 모델을 모색해야 한다. 사회적 경제는 바로 그 길에 있다. 협동조합이 일자리를 만들고, 사회적 기업이 지역을 살리며, 마을 기업이 공동체를 재건하는, 그러한 미래를 상상해야 한다.

사회적 경제는 선택이 아니라 필수다. 한국 경제를 건강하게, 사회를 따뜻하게 만드는 힘. 그 힘을 키우는 일은 우리 모두의 과제다.

05 데이터·AI 시대의 법과 윤리

데이터와 AI, 경제와 사회의 게임 체인저

21세기는 데이터와 인공 지능이 모든 것을 재구성하는 시대다. 경제, 산업, 행정, 교육, 의료, 어떤 분야도 데이터와 AI의 영향력에서 자유로울 수 없다. 이제 데이터는 21세기의 석유이며, AI는 새로운 전력 기관이다. 이들은 정보의 처리, 판단, 예측, 실행 속도를 비약적으로 끌어올리며 생산성과 효율성을 혁명적으로 바꾸고 있다.

그러나 데이터와 AI는 빛과 그림자를 함께 지닌다. 개인 정보 침해, 알고리즘 편향, 일자리 대체, 인간성 훼손 같은 심각한 부작용도 초래할 수 있다. 기술이 인간을 이롭게 할 것인가, 아니면 인간을 통제하고 소외시킬 것인가는 전적으로 우리가 어떤 법과 윤리 체계를 구축하느냐에 달려 있다.

경제적 경쟁력만이 아니라 인권, 공정성, 사회적 신뢰를 지키기 위해서라도 데이터와 AI 시대에 걸맞은 새로운 법과 윤리 체계를 정립해야 한다. 그것이 미래를 향한 가장 중요한 준비다.

데이터·AI 시대 한국의 법·윤리 현실과 문제점

한국은 세계 최고 수준의 디지털 인프라를 갖췄지만, 데이터와 AI를 둘러싼 법과 윤리 체계는 아직 미비하거나 단편적이다.

첫 번째는 개인 정보 보호와 데이터 활용 간 균형 문제다. 「개인정보보호법」, 「신용정보법」 등이 있지만, 데이터 활용을 가로막는 과잉 규제와 개인 정보 유출에 대한 불안이 공존하고 있다. 데이터 산업 발전과 인권 보호 간 균형이 제대로 잡히지 않았다.

두 번째는 AI 윤리 기준 부재다. AI의 판단 과정 투명성, 알고리즘 편향 방지, 인간 통제 가능성 보장 등 AI 윤리에 대한 법적 기준과 정책이 초기 수준에 머물러 있다. 국제적 논의에 비해 대응 속도가 늦다.

세 번째는 산업별 데이터 규제 파편화다. 금융, 의료, 교육 등 각 부문별로 데이터 활용 규정이 상이하고 중첩되어 있어, 데이터 융합 산업 육성이 어렵다. 통합적 데이터 거버넌스 체계가 미비하다.

네 번째는 데이터 소유권과 가치 분배에 대한 사회적 합의 부족이다. 개인 데이터, 기업 데이터, 공공 데이터의 소유와 활용 권한을 둘러싼 분쟁 가능성이 커지고 있으나, 이를 조정할 법적 틀이나 윤리 기준이 마련되어 있지 않다.

데이터·AI 시대의 법과 윤리 구축 전략

미래 경제를 선도하고 사회적 신뢰를 유지하기 위해서는 다음과 같은 전략이 필요하다.

첫째, 데이터 기본법 제정과 데이터 주권 확립이 필요하다. 데이터 활용을 촉진하면서도 개인 정보를 강력히 보호하는 균형 잡힌 기본법을 마련하고, 개인이 자신의 데이터에 대한 통제권을 갖는 '데이터 주권' 체계를 확립해야 한다.

둘째, AI 윤리법 제정과 국제 협력 강화가 필수다. AI 시스템의 투명성, 설명 가능성, 책임성, 인간 통제 가능성을 보장하는 AI 윤리 원칙을 법제화하고, EU, OECD, G7 등 국제 사회와 공동 기준을 마련하는 데 적극적으로 참여해야 한다.

셋째, 통합 데이터 거버넌스 체계를 구축해야 한다. 부처별 파편화된 데이터 규제를 통합하고, 산업 간 데이터 이동성과 융합을 촉진하는 범정부 데이터 관리 체계를 수립해야 한다. 공공 데이터 개방도 과감히 확대해야 한다.

넷째, 데이터 가치 분배와 사회적 신뢰 구축 장치를 마련해야 한다. 데이터 경제에서 창출되는 부가 가치가 소수 플랫폼 기업에 독점되지 않고, 데이터 제공자(개인, 중소기업 등)에게도 공정하게 분배될 수 있는 제도적 장치를 설계해야 한다. 예를 들어 '데이터 배당' 제도 같은 혁신적 모델을 검토할 수 있다.

기술은 인간을 위한 것이어야 한다

데이터와 AI는 거스를 수 없는 거대한 흐름이다. 문제는 그 방향이다. 기술이 인간의 존엄과 권리를 훼손하는 방향으로 가게 둘 것인가, 아니면 인간을 중심에 두고 기술을 활용할 것인가.

법과 윤리는 기술 발전의 족쇄가 아니라 기술이 인간을 위해 봉사하게 만드는 안전장치다. 데이터와 AI를 제대로 활용하기 위해서는, 더욱 강력한 인권 보호, 더욱 섬세한 윤리 기준, 더욱 치밀한 법적 관리가 필요하다.

한국은 디지털 강국이다. 이제는 디지털 윤리 강국으로 나아가야 한다. 데이터와 AI 시대, 인간 존엄을 지키는 나라. 이것이 대한민국이 향해야 할 미래다.

06 감시와 투명성, 감사 시스템 혁신

투명성은 신뢰의 기반이다

국가와 사회는 신뢰 위에서만 제대로 작동한다. 정부 정책, 공공기관 운영, 기업 활동. 이 모든 것이 투명하고 공정할 때 시민과 시장은 신뢰하고 협력한다. 반대로 부패, 불투명, 무책임이 만연하면 사회는 분열되고, 경제는 활력을 잃는다.

특히 경제 규모가 커지고 사회 구조가 복잡해질수록, 시스템적 감시와 투명성 확보는 더욱 중요해진다. 감시는 불신의 표현이 아니다. 그것은 신뢰를 가능하게 만드는 장치다. 투명성은 통제를 위한 것이 아니라 자율과 창의를 촉진하기 위한 조건이다.

감사 시스템은 단순히 규정 위반을 찾아내는 절차적 장치가 아니다. 그것은 시스템 전체를 건강하게 유지하고, 사회적 신뢰를 축적하는 핵심 인프라다. 21세기형 경제·사회 시스템을 위해서는 감사와 감시 체계의 근본적 혁신이 필요하다.

한국 감사 시스템의 현실과 문제점

한국의 감사와 감시 시스템은 일정 부분 제도적 발전을 이루었지만, 여전히 여러 한계를 드러내고 있다.

첫 번째는 사후적·형식적 감사에 치우쳐 있다는 점이다. 사건이 발생한 후에야 감사가 이루어지고, 대부분 규정 위반 여부 확인에 그친다. 사전 예방, 위험관리, 조직 개선으로 이어지는 선제적 감사 기능은 약하다.

두 번째는 독립성과 전문성 부족이다. 감사 기구가 정부나 기관 내부 권력 구조에 종속되거나, 정치적 외풍에 흔들리는 경우가 많다. 감사 담당자의 전문성 강화도 여전히 과제다.

세 번째는 투명성 미흡이다. 감사 결과가 제대로 공개되지 않거나, 공정성과 객관성에 대한 시민 신뢰가 낮은 경우가 있다. '봐주기 감사', '표적 감사' 논란이 반복되면서 감사 제도 자체에 대한 신뢰를 훼손하고 있다.

네 번째는 민간 부문 감시·감사 체계 미비다. 공공 부문은 감사 체계가 비교적 정비되어 있지만, 민간 부문, 특히 중소기업, 협동조합, 사회적 경제 조직 등에서는 내부 감시 기능이 취약하다.

감시와 투명성, 감사 시스템 혁신 전략

한국이 지속 가능한 경제·사회 시스템을 구축하기 위해서는 다음과 같은 감사 체계 혁신이 필요하다.

첫째, 감사의 선제성과 예방 기능을 강화해야 한다. 단순 적발 중심에서 벗어나, 리스크 징후를 조기에 탐지하고, 사전 개선을 유도하는 '리스크 기반 감사'로 전환해야 한다. 데이터 분석, AI 기반 예측 시스템 등을 활용한 스마트 감사 체계도 도입해야 한다.

둘째, 감사 기구의 독립성과 전문성을 보장해야 한다. 감사원 등 주요 감사 기관은 정치 권력으로부터 독립성을 확보하고, 전문 감사 인력 양성 프로그램을 체계화해야 한다. 감사 담당자의 윤리성, 전문성, 독립성을 지속적으로 강화해야 한다.

셋째, 감사 과정과 결과의 투명성을 높여야 한다. 감사 계획, 진행 상황, 결과 보고서를 국민에게 투명하게 공개하고, 감사 결과에 대한 이의제기 및 재심 제도를 활성화해야 한다. '열린 감사'를 통해 시민 신뢰를 회복해야 한다.

넷째, 민간 부문의 내부 통제와 감사 시스템을 강화해야 한다. 기업, 협동조합, 사회적 기업 등이 자율적으로 투명성과 책임성을 강화할 수 있도록 내부 감사 제도, 컴플라이언스 프로그램, 윤리경영 체계를 지원하고 확산해야 한다.

신뢰 위에 세워진 경제는 무너지지 않는다

　신뢰는 국가 경쟁력의 보이지 않는 힘이다. 그리고 신뢰는 감시와 투명성, 그리고 공정한 감사 위에서 자란다. 한국 사회가 더 건강하고 지속 가능한 경제를 꿈꾼다면, 이제 감사와 감시 시스템을 근본부터 혁신해야 한다.

　감사는 부정의 흔적을 찾아내는 것이 아니라 정의를 실현하는 일이다. 감시는 억압이 아니라 자유를 지키는 장치다. 투명성은 무능한 자를 처벌하는 도구가 아니라 유능한 자가 자유롭게 일할 수 있는 기반이다.

　한국은 이미 성장했다. 이제는 성숙해야 한다. 성숙한 국가는 강력한 감시와 감사 체계를 갖추고, 이를 통해 사회 전체의 신뢰와 역동성을 높인다. 대한민국도 그런 나라가 되어야 한다. 감시와 투명성, 감사의 혁신이 한국 경제와 사회의 다음 도약을 이끌 것이다.

07 국책 연구 기관의 역할과 구조 재정립

정책의 나침반, 국책 연구 기관

현대 국가는 복잡하고 다변하는 사회 문제에 대응하기 위해 과학적이고 체계적인 정책 수립이 필수적이다. 경험과 직관만으로는 복합적이고 긴급한 국가 과제를 해결할 수 없다. 이때 필요한 것이 바로 국책 연구 기관이다.

국책 연구 기관은 국가의 정책 나침반 역할을 한다. 데이터 분석, 정책 평가, 미래 전망, 전략 수립 등 다양한 기능을 수행하며, 정부가 합리적이고 근거 있는 결정을 내릴 수 있도록 돕는다.

특히 세계가 기술 혁신과 패권 경쟁, 기후 위기와 같은 전례 없는 도전에 직면한 지금, 국책 연구 기관의 역할은 더욱 중요해지고 있다. 정책 실패의 대가가 커지는 시대에는 사전 연구와 전략 수립이 국가의 운명을 좌우할 수 있다. 한국 경제와 사회의 지속 가능한 미래를 위해서는 국책 연구 기관의 역량을 강화하고, 구조를 혁신하는 일이 시급하다.

한국 국책 연구 기관의 현실과 문제점

한국은 다양한 국책 연구 기관을 보유하고 있으며, 그동안 많은 정책적 기여를 해 왔다. 그러나 여러 구조적 한계와 문제점도 분명히 존재한다.

첫 번째는 연구의 중복성과 비효율성이다. 기관 간 역할 분담이 명확하지 않아 비슷한 주제를 중복으로 연구하거나, 부처의 요구에 따라 단기 보고서 작성에 몰두하는 경우가 많다. 연구 자원의 낭비와 정책 품질 저하로 이어진다.

두 번째는 독립성 부족과 정치적 영향력이다. 일부 연구 기관은 정부 부처의 입맛에 맞춘 연구를 수행하거나, 정치적 입장에 따라 결과를 왜곡하는 경우가 있다. 이는 연구의 객관성과 신뢰성을 훼손시킨다.

세 번째는 미래 지향적 연구 부족이다. 급변하는 글로벌 환경에 대응하는 중장기 전략 연구보다는, 단기 이슈에 대응하는 연구에 치중하는 경향이 있다. 국가의 미래 비전을 설계하는 역할이 약화되고 있다.

네 번째는 연구 인력의 안정성과 전문성 문제다. 단기 계약직 연구원이 많고, 연구자들의 자율성과 창의성이 보장되지 않아 우수 인재 확보와 유지에 어려움이 있다. 연구의 질적 수준을 높이는 데 걸림돌이 되고 있다.

국책 연구 기관의 역할 강화와 구조 재정립 전략

한국의 국책 연구 기관을 21세기형 국가 전략 두뇌로 만들기 위해서는 다음과 같은 혁신이 필요하다.

첫째, 연구 기관 간 기능 재편과 통합을 추진해야 한다. 유사 연구 기관은 통합하거나 역할을 명확히 분담하여 연구 중복을 줄이고, 전략적 집중을 강화해야 한다. 예를 들어 경제, 산업, 사회, 과학 기술 등 분야별로 허브 기관을 중심으로 네트워크형 운영 체계를 구축할 수 있다.

둘째, 연구 독립성과 객관성을 제도적으로 보장해야 한다. 국책 연구 기관의 운영 독립성을 강화하고, 연구주제 선정과 결과 발표에 정부 부처의 부당한 개입을 차단해야 한다. 외부 평가와 시민 참여형 연구 모니터링 체계도 도입해야 한다.

셋째, 미래 전략 연구 기능을 강화해야 한다. 10년, 20년 후를 내다보는 메가트렌드 분석, 신기술 영향 평가, 글로벌 변화 대응 전략 등 장기적이고 포괄적인 연구를 상설화해야 한다. 단기 과제 중심 연구 구조를 넘어서는 전환이 필요하다.

넷째, 연구 인재 양성과 연구 생태계를 혁신해야 한다. 연구원의 장기적 경력 개발을 지원하고, 창의적이고 자율적인 연구 환경을 조성해야 한다. 우수 인재를 국내외에서 적극 유치하고, 연구 성과에 따라 합리적 보상을 제공하는 시스템을 마련해야 한다.

국가 전략은 강력한 두뇌를 필요로 한다

　국가 경쟁력은 단순히 물리적 자원이나 노동력만으로 만들어지지 않는다. 그것은 지식, 전략, 통찰의 힘에서 나온다. 국책 연구 기관은 대한민국이라는 거대한 국가 시스템의 두뇌다. 이 두뇌가 빈약하면, 몸이 아무리 튼튼해도 제대로 움직일 수 없다.

　한국은 이제 성장의 패러다임을 넘어, 성숙과 혁신의 패러다임으로 전환해야 한다. 그 전환을 설계하고 이끌어 갈 전략적 두뇌가 절실하다. 국책 연구 기관이 그 역할을 제대로 수행할 수 있도록 구조를 재정립하고, 역량을 획기적으로 강화해야 한다.

　연구는 단순한 보고서 작성이 아닌 국가의 미래를 설계하는 일이다. 국책 연구 기관 혁신은 대한민국이 글로벌 초격차 시대를 살아남고, 선도 국가로 도약하기 위한 필수 조건이다. 강력한 두뇌를 갖춘 나라만이 미래를 지배할 수 있다.

08 시민 참여와 정책 피드백 구조 설계

정책은 국민과 함께 완성된다

민주주의는 단순히 선거로 대표를 뽑는 제도가 아니다. 그것은 국민이 국가 운영에 지속적으로 참여하고, 자신의 삶에 영향을 미치는 정책 결정 과정에 영향력을 행사하는 구조를 의미한다. 현대 사회에서 정책은 정부가 일방적으로 설계하고 국민에게 내려 주는 방식으로는 성공할 수 없다.

정책은 시민과 함께 만들어야 한다. 특히 빠르게 변화하는 사회에서는 현장의 목소리, 다양한 이해관계자의 경험과 지식이 정책 설계와 집행 과정에 적극적으로 반영되어야 한다. 그래야 정책은 현실성과 수용성을 갖출 수 있다.

또한, 정책은 시행 이후에도 지속적인 피드백을 통해 수정, 보완되어야 한다. 완벽한 정책은 없다. 끊임없이 시민들의 평가와 의견을 듣고, 필요하면 과감히 고치고 방향을 조정해야 한다. 정책의 선순환은 시민 참여와 피드백 시스템 위에서만 가능하다.

한국 정책 시스템의 시민 참여와 피드백 현실

한국은 형식상 민주주의 국가이며, 선거를 통한 대의제 시스템은 잘 작동하고 있다. 그러나 정책 설계와 집행 과정에서 시민 참여와 피드백 구조는 여전히 미흡한 편이다.

첫 번째는 시민 참여의 제한성과 형식성이다. 정부는 다양한 정책 추진 과정에서 공청회나 의견 수렴 절차를 운영하지만, 실제로는 요식 행위에 그치는 경우가 많다. 사전 설계가 완료된 뒤 형식적 참여 절차만 진행하는 '알리바이형 참여'가 문제다.

두 번째는 소수 엘리트 중심 정책 설계 구조다. 전문가 집단이나 관료 그룹이 정책을 주도하고, 일반 시민의 현실적 경험과 의견은 반영되지 않는 경우가 많다. 이는 정책의 수용성과 효과성을 저해한다.

세 번째는 정책 결과에 대한 체계적 피드백 시스템 부재다. 정책이 실패하거나 문제가 드러나도 원인 분석과 개선 작업이 체계적으로 이뤄지지 않는 경우가 많다. 국민의 불만과 제안을 정식으로 반영하는 제도적 채널도 미비하다.

네 번째는 참여 과정의 디지털화 부족이다. 디지털 시대임에도 불구하고, 많은 참여 기회가 오프라인 중심으로 제한되고, 디지털 기반 직접민주주의 플랫폼은 아직 초기 수준에 머물러 있다.

시민 참여 강화와 정책 피드백 구조 설계 전략

정책을 더 잘 만들고, 더 잘 실행하기 위해서는 다음과 같은 시민 참여와 피드백 구조 혁신이 필요하다.

첫째, 정책 설계 초기 단계부터 시민 참여를 제도화해야 한다. 주요 정책은 초기 기획 단계에서부터 다양한 시민 의견을 수렴하고, 이를 바탕으로 여러 대안을 검토하는 과정을 공식화해야 한다. 정책 참여 플랫폼을 통해 누구나 쉽게 의견을 제출할 수 있어야 한다.

둘째, 참여의 대표성과 다양성을 보장해야 한다. 소수 전문가 중심이 아니라 성별, 연령, 지역, 계층을 고루 반영하는 대표 시민 패널citizen panel 구성을 활성화하고, 이들의 의견이 정책 설계에 실질적으로 반영되도록 해야 한다.

셋째, 정책 시행 후 사후 평가와 피드백 체계를 강화해야 한다. 국민 참여형 정책 평가제를 도입하여, 정책 결과에 대한 국민의 체감도, 만족도, 개선 의견을 수렴하고, 이를 정책 수정과 재설게에 반영해야 한다. 실패를 인정하고 고치는 문화를 조성해야 한다.

넷째, 디지털 직접민주주의 플랫폼을 구축해야 한다. 온라인상에서 정책 제안, 토론, 투표, 평가를 할 수 있는 상시 참여 시스템을 마련하고, 블록체인 기반 공정성과 투명성을 확보해야 한다. 특히 청년층과 디지털 세대의 참여를 적극적으로 유도해야 한다.

참여하는 국민이 나라를 바꾼다

국민은 수동적인 정책 수혜자가 아니다. 국민은 정책의 공동 설계자이자, 공동 실행자이며, 공동 평가자다. 참여하는 국민만이 살아 있는 민주주의를 만들고, 살아 있는 경제를 만든다.

정책은 책상 위에서만 완성되지 않는다. 정책은 삶의 현장에서 완성된다. 시민들이 정책 과정에 적극 참여할 때, 정책은 현실성과 수용성을 갖추게 되고, 실패의 가능성은 줄어든다. 또한, 시민 참여를 통해 정책에 대한 책임성과 신뢰도 함께 높아진다.

참여는 귀찮은 절차가 아니다. 그것은 더 나은 미래를 위한 투자다. 한국은 이제 '국민과 함께 정책을 만들고, 국민과 함께 정책을 고치는' 진정한 참여형 민주주의로 나아가야 한다. 시민이 움직이는 나라, 시민과 함께 성장하는 나라. 그것이 우리가 가야 할 길이다.

09 장기 전략 수립을 위한 국가 미래 위원회

국가에도 장기 전략이 필요하다

개인은 물론 기업도 장기 전략 없이는 생존할 수 없다. 변화의 방향을 읽고, 미래를 대비하고, 리스크를 관리하는 능력이 없다면 어떤 조직도 지속 가능성을 기대할 수 없다. 하물며 한 나라가 그러하지 않겠는가. 국가는 더더욱 장기 전략이 필요하다. 미래를 준비하지 않는 국가는 미래를 가질 수 없다.

특히 21세기처럼 기술 혁신, 지정학적 재편, 인구 구조 변화, 기후 위기 같은 거대한 전환이 동시에 일어나는 시대에는, 장기 전략의 유무가 국가의 운명을 좌우한다. 하루하루 급변하는 이슈에만 매몰되어 긴 시계를 놓친다면, 국가는 무기력한 표류 상태에 빠지고 만다.

한국은 지금 새로운 국가 대전환기에 서 있다. 성장 모델의 전환, 사회 구조의 재설계, 국제 질서 속 위상 재정립. 이 모든 과제는 단기 대응으로는 풀 수 없다. 10년, 20년, 50년을 내다보는 대전략이 필요하다. 이를 위해 국가 차원의 장기 전략 수립 기구, 즉 '국가 미래 위원회' 설치가 절실하다.

한국의 장기 전략 수립 현실과 문제점

한국은 그동안 여러 차례 국가 비전 수립을 시도해 왔지만, 구조적 한계를 극복하지 못했다.

첫 번째는 정권 교체에 따른 전략 단절이다. 정부마다 '비전 2030', '국가 미래 전략 2040' 등 다양한 장기 계획을 발표했지만, 정권이 바뀔 때마다 전략은 폐기되거나 무력화되었다. 국가 비전이 일관성을 갖지 못하고 정권별 슬로건 경쟁에 그친 경우가 많았다.

두 번째는 실질적 실행력 부족이다. 장기 전략이 수립되더라도 구체적 이행 계획, 중간 점검, 피드백 체계가 부실해 전략이 선언적 문서로 전락하는 경우가 잦았다.

세 번째는 시민 사회, 민간 부문의 참여 부족이다. 국가 장기 전략은 전 국민적 합의와 참여를 전제로 해야 하는데, 전문가 집단이나 관료 주도로 기획되는 경우가 많아 사회적 공감대가 약했다.

네 번째는 글로벌 환경 변화를 반영하는 능력 부족이다. 디지털 전환, 기후 변화, 인구 대이동, 글로벌 가치 사슬 재편 같은 거대한 흐름을 충분히 분석하고 반영하지 못한 전략이 많았다.

국가 미래 위원회 설치와 장기 전략 수립 방안

국가 미래를 제대로 준비하기 위해서는 다음과 같은 접근이 필요하다.

첫째, 초당적·상설적 국가 미래 위원회를 설치해야 한다. 정권과 무관하게 지속적으로 운영될 수 있도록 헌법이나 특별법에 근거를 두고, 국가 장기 전략 수립과 점검을 전담하는 독립적 기구로 만들어야 한다. 여야 정치권, 정부, 민간, 학계, 시민 사회가 모두 참여하는 구조를 갖춰야 한다.

둘째, 메가트렌드 기반의 미래 전망과 전략 수립 체계를 구축해야 한다. 경제, 기술, 사회, 환경, 외교·안보 등 전 영역에서 장기 트렌드를 분석하고, 다양한 시나리오를 설계하여 불확실성에 대비하는 전략적 기획 능력을 강화해야 한다.

셋째, 전략의 이행력과 피드백 구조를 내실화해야 한다. 국가 장기 전략을 단순 선언에 그치지 않고, 부문별 세부 실행 계획과 중간 점검 체계를 마련해야 한다. 일정 주기마다 전략 이행 상황을 점검하고, 필요 시 유연하게 수정·보완할 수 있어야 한다.

넷째, 시민 참여형 국가 전략 수립 방식을 도입해야 한다. 국민 대토론회, 미래 시민 의회, 디지털 국민 참여 플랫폼 등을 통해 장기 전략에 대한 사회적 논의와 합의를 이끌어야 한다. 전략 수립 과정 자체가 사회적 역량을 높이는 계기가 되어야 한다.

미래를 준비하는 나라만이 살아남는다

미래는 준비하는 자의 것이다. 아무리 현재가 안정적이어도, 미래를 준비하지 않으면 쇠락은 순식간에 찾아온다. 반대로 미래를 치밀하게 준비한 나라는 위기 속에서도 기회를 잡고 새로운 도약을 이룬다.

국가 미래 위원회는 단순한 행정 기구가 아니다. 그것은 대한민국이라는 공동체가 '어디로 가야 할 것인가'를 스스로 묻고 답하는 공간이다. 국가 미래 전략은 정권의 것이 아니라 국민 모두의 것이어야 한다. 그리고 그 전략은 끊임없이 점검되고 진화해야 한다.

지금 우리가 시작하지 않으면, 10년 후, 20년 후 대한민국은 세계의 변두리로 밀려날 것이다. 반대로 지금 준비한다면, 대한민국은 21세기 중반에도 세계를 선도하는 국가로 우뚝 설 수 있다.

미래는 주어지는 것이 아니라 만들어 가는 것이다. 그리고 그 미래를 만드는 첫걸음은, 바로 국가 장기 전략을 수립하는 일이다.

10 '새판 짜기'를 위한 국민 합의형 정치 경제 모델

더 이상 미룰 수 없는 새판 짜기

한국 사회는 지금 거대한 변곡점 앞에 서 있다. 저성장, 양극화, 인구 절벽, 지역 소멸, 기후 위기, 기술 패권 경쟁. 이 모든 도전이 동시에 밀려오고 있다. 기존의 성장 방식, 분배 방식, 정치 운영 방식으로는 더 이상 이 위기를 돌파할 수 없다. '틀'을 바꿔야 한다. '판' 자체를 새로 짜야 한다.

새판 짜기는 일부 전문가나 정치권만의 작업이 아니다. 그것은 모든 국민이 참여하고 합의해야 하는 거대한 사회적 계약이다. 새로운 성장 모델, 새로운 분배 모델, 새로운 정치 운영 모델을 국민적 대토론과 합의를 통해 만들어야 한다.

이제는 구호나 선언이 아닌 실질적인 시스템 개혁이 필요하다. 경제 체질, 사회 구조, 정치 문화. 이 모든 것을 국민의 힘으로 새롭게 다시 설계해야 한다. 그것이 '새판 짜기'다.

한국 정치 경제 시스템의 현실과 한계

현재 한국 정치 경제 시스템은 구조적으로 여러 한계를 드러내고 있다.

첫 번째는 경제 시스템의 고착화다. 대기업 중심, 부동산 중심, 제조업 중심의 성장 모델이 지속 가능성을 잃고 있다. 새로운 성장 동력 창출이 지연되면서 국가 전체의 활력이 약화되고 있다.

두 번째는 양극화와 불평등의 심화다. 소득·자산·교육·지역 격차가 확대되면서 사회 통합이 위협받고 있다. '공정'과 '기회'에 대한 국민적 신뢰가 크게 흔들리고 있다.

세 번째는 정치 시스템의 경직성과 저低신뢰다. 정쟁과 대립이 일상화되고, 정책이 정권별로 뒤바뀌며, 국민의 정치 불신은 점점 커지고 있다. 거버넌스의 연속성과 전략성이 약화되고 있다.

네 번째는 사회적 합의 메커니즘의 부재다. 주요 정책이나 제도 개혁이 사회적 논의와 합의 과정을 거치지 않고 일방적으로 추진되거나, 갈등만 키운 채 좌초되는 일이 반복되고 있다.

국민 합의형 정치 경제 모델 수립 전략

한국이 지속 가능한 미래를 열기 위해서는 다음과 같은 새판 짜기 전략이 필요하다.

첫째, 국민적 대토론과 사회적 대타협 프로세스를 가동해야 한다. 경제·사회·정치 전반의 구조 개혁을 위한 국민적 공론장을 열고, 각계각층이 참여하는 사회적 대타협 메커니즘(예: 국가 사회 협약)을 제도화해야 한다.

둘째, 새로운 성장·분배·복지 모델을 설계해야 한다. 디지털 경제, 탄소 중립 경제, 포용 성장 모델을 중심으로, 성장과 분배, 혁신과 공정이 균형을 이루는 새로운 정치 경제 구조를 구체적으로 설계하고 실행해야 한다.

셋째, 정치 시스템의 혁신을 추진해야 한다. 국회 운영 방식, 정당 구조, 선거제도, 행정부-입법부 관계 등을 종합적으로 개혁하여, 정쟁을 줄이고 정책 연속성과 국가 전략 추진력을 강화해야 한다.

넷째, 장기 전략과 국민 피드백 체계를 결합해야 한다. 장기 국가 비전 수립과 함께, 국민 참여형 피드백 시스템을 구축하여, 전략의 추진 과정에서 국민적 감시와 수정·보완이 이루어질 수 있도록 해야 한다.

국민이 참여하는 새판 짜기, 그것이 미래다

새로운 세상을 여는 일은 쉽지 않다. 기득권은 저항할 것이고, 변화는 고통을 수반할 것이다. 그러나 지금 변하지 않으면, 우리는 더 큰 고통과 쇠퇴를 맞게 될 것이다. 새판 짜기는 선택이 아니라 생존의 문제다.

무엇보다 중요한 것은 국민의 참여와 합의다. 관료나 정치인 몇몇이 아닌 국민 모두가 자신의 미래를 스스로 결정하고 함께 만들어야 한다. 새판 짜기는 위로부터의 개혁이 아닌 아래로부터의 개혁이어야 한다.

대한민국은 이미 한강의 기적을 이룬 나라다. 이제는 '새판의 기적'을 이루어야 한다. 국민이 힘을 모으면 가능하다. 국민이 합의하면 가능하다. 국민이 직접 참여하면 가능하다. 새판 짜기의 시대, 그 중심에는 깨어 있는 국민이 있어야 한다.

미래는 준비하는 자의 것, 그리고 함께 만드는 자의 것이다.

맺는말

새판을 짜는 용기,
미래를 여는 지혜

 돌이켜 보면, 대한민국은 언제나 위기 속에서 기적을 만들어 왔다. 산업화의 거센 파도, 외환 위기의 수렁, 글로벌 금융 위기의 광풍. 그 어떤 절망적 상황에서도 우리는 포기하지 않고 길을 찾아냈다. 불가능을 가능으로 바꾼 저력, 그것이 대한민국이었다.

 그러나 지금 우리 앞에 놓인 위기는 과거와 차원이 다르다. 성장 엔진이 식어 가고, 양극화는 사회 통합을 위협하고, 인구는 줄어들고 고령화는 심화된다. 디지털 혁명과 기후 변화, 글로벌 공급망 재편, 기술 패권 경쟁 같은 거대한 변화의 물결이 우리를 압박하고 있다. 단순한 경기 부진이 아니라 구조와 시스템의 한계에 부딪힌 것이다.
 이제 우리는 결단해야 한다. 부분적 수선이 아니라 '새판 짜기'라는 대전환에 나서야 한다. 과거의 성공 방정식에 머물러서는 새로운 미래를 만들 수 없다. 경제 구조, 산업 전략, 금융 시스템, 복지와 사회 정책, 글로벌 전략, 정치 경제 시스템. 이 모든 것을 근본부터 다시 설계해야 한다.

부분 수선이 아닌 구조적 대전환이 필요하다

성장의 패러다임을 바꾸고, 산업 구조를 혁신하며, 금융과 시장의 공정성과 투명성을 복원하고, 복지와 주거, 청년 정책을 새롭게 설계해야 한다. 세계 속의 한국 경제를 위한 새로운 통상 전략을 수립하고, 거버넌스와 제도 시스템도 대대적으로 혁신해야 한다.

특히 데이터와 AI 시대를 맞아 새로운 법과 윤리 체계를 정립하고, 시민 참여 기반 정책 피드백 구조를 구축하며, 국가 장기 전략을 수립할 '국가 미래 위원회'를 설치해야 한다. 그리고 이 모든 것을 국민적 합의를 통해 추진하는 '국민 합의형 정치 경제 모델'을 만들어야 한다. 이것이 이 책 「한국 경제, 새판 짜기」가 제안하는 길이다. 단기 처방이 아니라 구조적 대전환, 부분 수선이 아니라 근본적 새판 짜기다.

변화는 고통을 수반한다. 기득권은 저항하고, 변화를 두려워하는 목소리도 클 것이다. 그러나 포기할 수 없다. 지금의 고통을 외면하면, 더 큰 고통이 미래에 우리를 기다리고 있을 것이다.

국민이 함께하는 새판 짜기여야 한다

새판 짜기는 정치인, 관료, 전문가만의 일이 아니다. 국민 모두가 주인이 되어야 한다. 시민 참여형 정책 설계, 국민 대토론회, 사회적 대타협 메커니즘. 이 모든 것을 통해 국민이 직접 새판을 짜는 주체가 되어야 한다. 깨어 있는 시민, 책임을 지는 정치, 혁신을 추구하는 기업, 신뢰를 세우는 사회. 이 네 가지가 함께 움직일 때, 우리는 다시 기적을 만들 수 있다.

우리는 여전히 강력한 저력을 지니고 있다. 세계 최고 수준의 디지털 인프라, 역동적인 산업 기반, 창의적인 인재, 끊임없이 진화하는 시민 사회. 이 모든 것은 대한민국이 다시 도약할 수 있는 자산이다.

문제는 방향이다. 과거를 반복할 것인가, 미래를 준비할 것인가. 현실에 안주할 것인가, 새판을 짤 것인가. 희망은 준비하는 자에게 주어진다. 미래는 함께 만드는 자에게 열린다. 이 책 「한국 경제, 새판 짜기」는 하나의 결론이 아닌 하나의 출발선이다. 더 많은 논의가 필요하고, 더 깊은 고민과 토론이 필요하다.

그리고 무엇보다 더 강한 실천이 필요하다. 새판 짜기의 시대가 왔다. 두려워하지 말자. 용기를 내자. 서로를 믿고 함께 나아가자. 우리가 함께 새판을 짠다면, 대한민국은 또 한 번 세계를 놀라게 할 것이다.

"구조를 바꾸고, 체질을 바꾸고, 미래를 연다."

이제, 그 위대한 여정을 함께 시작하자.